Jürg Häusermann ist Professor für Medienanalyse und Medienproduktion an der Universität Tübingen. Er war zuvor freier Mitarbeiter beim Schweizer Radio DRS und Dozent in der journalistischen Aus- und Weiterbildung. (Foto: Holger Grams)

Jürg Häusermann

Schreiben

UVK Verlagsgesellschaft mbH

Wegweiser Journalismus
Band 1

Bibliografische Information der Deutschen Bibliothek
Die Deutsche Bibliothek verzeichnet diese Publikation in der Deutschen
Nationalbibliografie; detaillierte bibliografische Daten sind im Internet
über http://dnb.ddb.de abrufbar.

ISSN 1866-5365
ISBN 978-3-86764-127-2

© UVK Verlagsgesellschaft mbH, Konstanz 2008

Einbandgestaltung: Susanne Fuellhaas, Konstanz
Konzeption und Layout: Claudia Wild, Stuttgart
Lektorat: LMF Lektoratsbüro Maia Fuchs, Brühl
Druck: Memminger MedienCentrum, Memmingen

UVK Verlagsgesellschaft mbH
Schützenstr. 24 · D-78462 Konstanz
Tel.: 07531-9053-0 · Fax: 07531-9053-98
www.uvk.de

Inhalt

1   Journalistinnen, Journalisten: mittendrin

170 Kundinnen und Kunden von *eBay* sind von einem Betrüger geprellt worden. Sie haben bei ihm modische Artikel bestellt und auch bezahlt – die Ware aber nie erhalten: ein *Prada*-Portemonnaie für 34 Euro, eine *Louis-Vuitton*-Tasche für 230 Euro, eine *Burberry*-Jacke für 30 Euro … Die Leute hatten das Geld vertrauensvoll im Voraus überwiesen – etwas zu vertrauensvoll, wie sich dann herausstellte.

eBay-Schnäppchen erweisen sich als reiner Betrug: So stand es später in der Zeitung. Der Lokalredaktion war das Ereignis ein Drittel ihrer ersten Seite wert. Eine Redakteurin hatte die Gerichtsverhandlung verfolgt, bei der die Tat in allen Einzelheiten geschildert wurde.

Viele Leserinnen und Leser würden sich dafür interessieren, vielleicht aus der eigenen Erfahrung mit Internet-Einkäufen. Wohl deshalb war dem Artikel eine Aufzählung der Luxusgüter vorangestellt, die den Klägern versprochen worden waren und die sie als Schnäppchen zu ergattern gehofft hatten.

Danach ging es aber ganz anders weiter. Jetzt kam der Täter zu Wort, der vor Gericht geschildert hatte, wie verblüffend leicht alles gegangen war:

> Er habe aus Langeweile angefangen und selbst gestaunt, wie einfach es sei, mit fiktiven Internet-Angeboten auf der *eBay*-Plattform zu betrügen, sagte am Mittwoch ein 29-jähriger Schweizer vor dem Bezirksgericht Zürich … (*Neue Zürcher Zeitung, 27.3.2008*)

Perspektivenwechsel: Die Leserinnen und Leser sind ab sofort viel näher beim Betrüger als bei seinen Opfern. Es ist, als ob die

Kamera anders ausgerichtet wäre. Man sieht dem Täter über die Schulter und erfährt nützliche Details über die Technik des Internet-Betrugs:

> Der zum Tatzeitpunkt arbeits- und mittellose Mann hatte für seine betrügerischen Geschäfte aus einem Stadtzürcher Internetcafé operiert. Er eröffnete bei der Internet-Versteigerungsbörse zahlreiche User-Accounts und benutzte dafür die Personalien anderer, tatsächlich existierender Personen; die nötigen Angaben fand er im Mitgliederverzeichnis eines süddeutschen Altersgenossenvereins. Als angeblicher deutscher Verkäufer getarnt, bot er seine fiktive Ware äußerst erfolgreich zur Versteigerung an. Um keinen Verdacht zu erregen, stellte er in manchen Fällen Fotografien und Beschreibungen der Luxus-Konsumgüter ins Internet und hielt die Preise bewusst tief.

Die Geschichte des Betrugs ist hier also eine Geschichte des Betrügers. Wer einen journalistischen Text schreibt, hat immer die Wahl. Ein und dieselbe Geschichte kann ganz unterschiedlich erzählt werden. Wie sie erzählt wird, entscheidet sich durch die Wahl der sprachlichen Mittel. Auch die Wahl der Perspektive ist eine von vielen Entscheidungen, die beim Schreiben getroffen werden.

Stil

Wie es die Grammatik gibt, die formale Zusammenhänge beschreibt, gibt es die Stilistik, die den Stil
beschreibt. Für unsere Zwecke ist es am praktischs-
ten, wenn wir *Stil* definieren als die Wahl zwischen
unterschiedlichen sprachlichen Mitteln. Jede Aussage
lässt sich auf mehrere Arten ausdrücken: Einer wird
vielleicht sagen: *Geh!*, der andere: *Hau ab!* Beide Varianten tun ihren Dienst. Welche man wählt, ist eben
eine Frage des Stils.

Stil ist ein schillernder Begriff und kann noch für
einige andere Dinge verwendet werden. Wir belassen
es aber bei dieser Definition: Wahl der Mittel.

Definition

Dass diese Entscheidungen bewusst getroffen werden, ist ein
wichtiges Anliegen dieses Buchs. Denn mit den stilistischen
Mitteln wird eine Position bezogen – eine Position in Bezug
auf die Menschen, über die man berichtet, und in Bezug auf die
Menschen, für die man den Text schreibt.

Positionen

Als Journalistin oder Journalist steht man immer dazwischen –
mittendrin. An jedem Ereignis ist mehr als nur eine Partei betei-
ligt. Wer heute bei der Ortsgruppe der Grünen recherchiert,
geht morgen zur Pressekonferenz der Chemiefabrik, interviewt
übermorgen eine entlassene Arbeiterin. Alle hätten gern, dass
man aus ihrer Sichtweise schreibt. Auch im Publikum sind
die Interessen unterschiedlich verteilt. Da ist es wichtig, eine
eigene, journalistische Position zu haben und eine Sprache, die
dieser Position entspricht.

Der Bericht über den *eBay*-Betrug hat dies illustriert. Es ging nicht darum zu werten, was besser ist und was schlechter, sondern darum, dass die Perspektive eines der sprachlichen Mittel ist, die fast unmerklich Nähe oder Distanz zu den Akteuren der Ereignisse herstellen.

Drei Figuren beeinflussen den Text

Wer einen journalistischen Text verfasst, ist eine Art Choreograph. Er oder sie platziert einzelne Figuren im Text und bestimmt die Beziehung, die sie zueinander haben.

Figuren im Text

Akteur: die Personen oder abstrakten Größen, die im Ereignis handeln bzw. davon betroffen sind (ein Fußballspieler, eine Regierung, ein Unfallopfer, eine statistische Bevölkerungsgruppe usw.)
Rezipient: die Leserin, der Hörer, das Zielpublikum des Textes
Kommunikator: das (meist unausgesprochene) »Ich« des Berichterstatters

Definition

Im Einstiegsbeispiel kamen zwei Gruppen von *Akteuren* vor: der Betrüger und die von ihm Betrogenen. Durch die Art und Weise, wie sie dargestellt werden, kommt auch der *Kommunikator,* der journalistische Erzähler, ins Spiel. Auch wenn nicht ausdrücklich *ich* gesagt wird, lässt sich durch viele sprachliche Mittel erkennen, wem der Kommunikator näher, wem ferner steht, bzw. ob er sich um gleichmäßige Distanz bemüht. (Im besagten Bericht hieß es übrigens recht deutlich: *Solche und ähnliche Angebote lassen offensichtlich die Herzen mancher*

Schnäppchenjäger höher schlagen und sie gleichzeitig ihren Verstand ein klein bisschen beiseite schieben. Damit bezieht die Autorin eine leicht ironische Distanz zu den düpierten Klägern – im Gegensatz zu ihrer eher neutralen Haltung zum Angeklagten.) Und damit werden indirekt auch die Leserinnen und Leser, die *Rezipienten,* angesprochen, in ihren Erfahrungen, in ihrer Schadenfreude oder ihrem Mitgefühl.

Figuren im Text: Test 1

Untersuchen Sie die Beziehung Kommunikator – Akteure im folgenden kurzen Text. Formulieren Sie ihn dann so um, dass sich diese Beziehung deutlich verändert.

> Die Polizei hat zwei 13-jährige Jugendliche festgenommen, die zuvor auf dem Areal der alten Brauerei eine Wand versprayt hatten. Der Sachschaden betrage rund 1000 Franken.
> *(Nach NZZ, 26.3.2008)*

Im Anhang finden Sie Lösungsvorschläge.

Alle wollen mitreden

> Für ein TV-Wissenschaftsmagazin sollte ich einen Film über die Arbeit eines Hirnforschers machen. Der Mann war auch zu Dreharbeiten bereit. Einzige Bedingung: Der Filmtext solle mit ihm abgesprochen werden, »damit inhaltlich alles fachlich korrekt ist«. Und ich sagte zu. [...] Nach einer intensiven und langen Diskussion, bei der zeitweise der ganze Beitrag auf der Kippe stand, weil der Forscher die Ausstrahlung verhindern wollte, einigten wir uns doch noch. Ich fügte einige Korrekturen in den Text – die dann der Redakteur postwen-

dend bei der Abnahme beanstandete. Ende vom Lied: Der Beitrag lief ohne die Korrekturen des Forschers. Der Forscher rief einen Tag später an – und war zufrieden. Er hatte noch nicht mal gemerkt, dass keiner seiner Änderungswünsche umgesetzt worden war.

Diese Schilderung des Wissenschaftsjournalisten Thomas Liesen (in: *Kienzlen/Lublinski/Stollorz 2007, 115–116*) zeigt: Wer journalistisch schreibt, wird von vielen Seiten beeinflusst. Er oder sie schreibt in der Regel als Teil einer Redaktion, die wiederum in ein größeres Ganzes eingebettet ist – in einen Verlag, eine Rundfunkanstalt usw. Und diese steht unter weiteren Einflüssen, zum Beispiel denen der politischen Kontrollorgane oder der Werbekunden.

Umso wichtiger ist es, die Position des Kommunikators im Text zu überprüfen.

Ist es Ihre eigene Sprache?

Tipp

Überprüfen Sie in Ihrem Material:
Wörter, die als Schlüsselwörter verwendet werden (z. B. Termini, Verkaufsargumente), Ausdrücke, die die Akteure bezeichnen (diskriminierende oder beschönigende Begriffe), Wörter, die Sie in indirekte Rede einbauen, wertende Formulierungen – kurz: alle Fälle, in denen man nicht Sie, sondern jemand anderen hört.

In Abhängigkeiten schreiben

Alle, die in die Nachrichten kommen, würden diese gerne so beeinflussen, dass sie selbst gut dastehen. Einige wenige haben die Möglichkeit, zum Telefon zu greifen und einen Text durch einen Anruf beim Chefredakteur oder Intendanten zu verändern oder dessen Veröffentlichung zu verhindern. Andere haben eine große PR-Maschinerie, die darauf ausgerichtet ist, die journalistische Arbeit in ihrem Sinne zu fördern.

Journalismus kann sich weder im Großen noch im Kleinen total abgrenzen. Manchmal ist der Zwang ganz sanft: Man ist zu einer netten Veranstaltung eingeladen und will danach den Gastgeber nicht brüskieren. Oder er ist etwas weniger sanft: Man hätte eine tolle Geschichte über den allseits bekannten Ortsvorsteher, aber der Chefredakteur zieht der Geschichte eigenhändig die Zähne. Ein Medienunternehmen ist Teil der Gesellschaft. Als ökonomischer Betrieb ist es stark mit der Wirtschaft verknüpft und aufgrund seiner Informationsfunktion nah an der politischen Macht. Die Grenzen sind nicht leicht zu ziehen.

Dieser Aspekt gehört in ein Buch über journalistisches Schreiben, weil jede Einflussnahme auch eine sprachliche Einflussnahme ist.

Zugeliefertes Material hinterfragen

Der Autohersteller *BMW* lädt zur Bilanzpressekonferenz. Das Unternehmen hat einen Rekordgewinn eingefahren, aber es stellt seine Lage als schwierig dar und plant, allein in Deutschland bis zu 8.000 Stellen zu streichen. Aber der Vorstandschef hat auch eine gute Nachricht: Er teilt mit, ...

... dass der Konzern ein völlig neues Öko-Auto für die Großstadt plant. Es soll schadstofffrei fahren, sagte der BMW-Chef. *(Spiegel online, 18.3.2008)*

Und wirklich – diese Nachricht wird von vielen übernommen. Die Zeitungen und Websites schreiben z. B.: *BMW bastelt am schadstofffreien Auto. (merkur-online.de)*

Das Wort *schadstofffrei* kommt in allen Texten vor und überstrahlt die Tatsache, dass vom Auto noch nichts zu sehen ist, ja, dass eigentlich erst die Planung der Planung beschlossen ist. Zumindest ließe sich hinterfragen, ob *schadstofffrei* im Zusammenhang mit einem Auto überhaupt je zutrifft, wenn man nicht nur auf den Kraftstoffverbrauch achtet. (Es geht übrigens auch ohne das ominöse Adjektiv: *Für den Stadtverkehr entwickelt BMW ein Auto, das keine Schadstoffe ausstößt,* schrieb am gleichen Tag die *Süddeutsche Zeitung* und kam damit der Wahrheit ein Stück näher.)

Es liegt im Interesse von *BMW,* eine negative Nachricht mit einer positiven zu verbinden. Aber es ist eine Entscheidung der Redaktionen, ob und in welcher Weise sie diese beiden Informationen verknüpfen. Unter Umständen müssen sie sich auch von der Vorarbeit der Agentur emanzipieren, die schon eine Gewichtung vorgenommen hat.

Eine Hilfe bei solchen Überprüfungen – ob es nun um eigene oder fremde Texte geht – ist der Begriff der Perspektive.

Eine Frage der Perspektive

»Perspektive« ist kein fest umrissener linguistischer Begriff, sondern das Ergebnis von Interpretation. Auf der Suche nach der Perspektive im Text sucht man gleichsam nach dem Standort der Kamera. Folgende Fragen helfen dabei:
- Wer ist das Subjekt? – Wenn im journalistischen Text steht: Der Betrieb produziert 2 Millionen Eier pro Tag, dann hat er die Perspektive des Unternehmens. Die Hühner legen 2 Millionen Eier pro Tag ist dagegen die Hühner-Perspektive.

- Wessen Sprache? – Die Hühner werden zu einer Produktion von 2 Millionen Eiern pro Tag gequält ist die Perspektive der Hühner-Gewerkschaft. Die Hühner werden zu Höchstleistungen motiviert ist dagegen wieder Unternehmer-Perspektive.

- Wer kommt vor? – 20 Millionen Küken werden nie zur Welt kommen, ist Küken-Perspektive – obwohl es natürlich eher die Aussage eines besorgten Tierfreundes ist.

- Wer spricht? – Die 60 Millionen Hühner in der Legebatterie sind superglücklich ist Hühner-Perspektive, wenn man rein nach dem Subjekt fragt. Aber wenn man bedenkt, dass diese Wortwahl einer stark beschönigenden Sichtweise entspringt, könnte man es auch als die Sprache und damit die Perspektive des Unternehmers verstehen.

Diese Fragen weisen in unterschiedliche sprachliche Bereiche. »Perspektive« ist daher auch kein eng definierter Begriff. Auch wenn man ihn ganz weit fasst, gibt es nicht immer eindeutige Antworten. Dennoch hat er sich in der Praxis bewährt.

Perspektive

Perspektive ist die Antwort auf die Frage: In wessen Interesse spricht der Text? Sie kommt durch verschiedene sprachliche Mittel zustande; aber oft erreicht man eine Perspektive durch den Wechsel des Subjekts.

Definition

Der Begriff der Perspektive erlaubt es, einen Text nochmals durchzulesen und nach seiner Komposition zu überprüfen. Es werden dann Stärken und Schwächen des Textes deutlich, die ganz unterschiedliche sprachliche Merkmale betreffen, aber oft die Lesbarkeit beeinflussen. Wenn zum Beispiel der Lesefluss stockt, hängt dies oft daran, dass ohne Grund die Perspektive verändert wurde.

Behörden-Perspektive

Es ist Teil des Systems: Behörden, Ämter, Firmen verfassen eigene Pressemitteilungen, und diese werden in den Redaktionen auch zur Kenntnis genommen. In aktuellen Meldungen und Berichten sind deshalb vorzugsweise etablierte Institutionen zu hören. Die Betroffenen, die Bürgerinnen und Bürger, kommen in solchen Meldungen nicht oder nur passiv vor – wie zum Beispiel in der folgenden Meldung. Sie ist in einer süddeutschen Tageszeitung erschienen und betrifft die Stadt Friedrichshafen am Bodensee:

Stadt kämpft gegen Komasaufen

Die Betreiber Friedrichshafener Discotheken, die Stadt Friedrichshafen und die Polizei haben sich auf eine gemeinsame Linie im Einsatz gegen Komatrinken bei Jugendlichen und Heranwachsenden geeinigt. Künftig wird es keine All-Inclusive-Partys, Flatrate-Partys und kein Komatrinken mehr geben, bei denen in einem einmal gezahlten Betrag alle Getränke des Abends eingeschlossen sind. *(Schwäbische Zeitung, 21.2.2008)*

Junge Leute und Alkoholmissbrauch – das ist eines der Themen, die in einigen europäischen Ländern intensiv diskutiert werden. In Thüringen zum Beispiel heißt es nur wenige Wochen später: *Freistaat will das Komasaufen per Gesetz verbieten. (Freies Wort, 21.3.2008)* Und *Spiegel Online (8.3.2008)* titelt gar: *Landplage Komasäufer.*

Die Beispiele sind alle ähnlich entstanden: Journalisten haben von den Behörden Pressemeldungen erhalten, die sie mehr oder weniger stark redigierten. Weil die Informationen von Behörden stammen, zeigen sie eine klare Behörden-Perspektive. Die Jugendlichen, um die es geht, kommen nicht aktiv vor. Es heißt unpersönlich: *Komatrinken bei Jugendlichen und Heranwachsenden*. Das klingt ähnlich wie: *Maul- und Klauenseuche bei Paarhufern*. Ein aktiver Satz wäre:

> Sie wollen gemeinsam dagegen ankämpfen, dass Jugendliche und Erwachsene bis zur Bewusstlosigkeit trinken.

Hier kommen die Menschen als handelnde Subjekte vor. Das ändert nichts an der Nachricht, aber daran, wie sie mit den Menschen umgeht.

Für ganz und gar unangemessen halte ich die Perspektive der Überschrift: *Landplage Komasäufer.* Eine Landplage, das sind Schädlinge, die in großen Massen Pflanzen oder Tiere befallen. Menschen, auch solche, die einem Sorgen bereiten, werden mit einem solchen Ausdruck herabgesetzt.

»Komasaufen« ist nicht in erster Linie das Problem der Stadträte und Landesregierungen, sondern das Problem der betroffenen Jugendlichen. Sicher – sie belasten die Krankenhäuser unnötig und machen der Polizei und den Behörden viel Arbeit. Aber das Ziel ihrer Bemühungen ist, die Alkoholexzesse zu verhindern, nicht die Jugendlichen. Deshalb sollte man sie auch rein sprachlich ernst nehmen.

Menschliche Perspektiven

Was sollen Journalistinnen und Journalisten also tun? Sollen Sie in jeder Meldung, die vom Amt kommt, die Perspektive ändern? – Nein. Das wäre unrealistisch. Und wenn das Amt für die Handlung verantwortlich ist, dann ist seine Perspektive auch berechtigt. Aber ein Auge für die Perspektive zu haben lohnt sich. Wenn man alle Texte, die den ganzen Tag hereinkommen, daraufhin überprüft, wird man sehen, dass die Amts-

Perspektive die häufigste überhaupt ist: Fast alle derartigen Informationen werden aus dem Blickwinkel der Behörden, der Organisationen, der Politiker geschrieben, zum Beispiel: *Fachleute diskutieren über Maßnahmen gegen das Komasaufen. (Thüringische Landeszeitung, 12.3.2008)* Weil es aber um ein soziales Thema geht, sollte die Perspektive der Betroffenen bevorzugt werden, wo immer es geht. Dies gilt zum Beispiel bei vielen statistischen Meldungen:

Mehr alkoholbedingte Krankenhausaufenthalte bei Jugendlichen, verbreitete die *Techniker Krankenkasse* Anfang 2008. Aber es ginge ebenso kurz und konkreter: *Mehr Jugendliche müssen wegen Alkohol ins Krankenhaus.*

Und manchmal lässt sich die Perspektive einfach umdrehen. Man findet solche, sprachlich gesehen positive Beispiele auch in Meldungen aus Amts- und Polizeiberichten:

> Komasaufen teuer bezahlt *(20 Minuten, 19.3.2008)*
> Jeder zweite Jugendliche trinkt bis zum Rausch
> *(welt.de, 14.3.2008)*
> 13-Jährige trank sich ins Koma *(Kleine Zeitung, 15.3.2008)*
> Jugendliche steigen früher bei Drogen ein
> *(Der Standard, 20.3.2008)*
> Jugend und Alkohol: Sie trinken weiter
> *(Sueddeutsche.de, 10.12.2007)*

Es gibt immer Streitfälle; aber zu empfehlen ist, immer da, wo es das Ereignis ermöglicht, die Menschen ins Zentrum zu stellen – mit angemessenen Begriffen (ohne Behörden- oder Wissenschaftler-Slang) und als aktives Subjekt.

Wörter können diskriminieren

Als Journalistin oder Journalist steht man immer zwischen unterschiedlichen Akteuren des Ereignisses. Die Sprache drückt aus, welchen man näher, welchen ferner steht. Dies ist die wichtigste Botschaft dieses Buchs. Die Wahl soll bewusst getroffen werden, so, wie es dem Verständnis von der eigenen Rolle entspricht.

Die Wahl der Perspektive ist nur ein Teil dieser Arbeit. Die journalistische Position kann sich auch in der scheinbar harmlosen Wahl von Bezeichnungen ausdrücken.

Dies gilt zum Beispiel für die folgende Nachrichtenmeldung. Ein Autofahrer wird darin mit einem Diebstahl in Zusammenhang gebracht. Vielleicht zu Recht – das wissen wir noch nicht, wir vermuten es nur. Immerhin ist er mit einem gestohlenen Fahrzeug unterwegs. Die Polizei hat ihn denn auch verhaftet. Man beachte, dass ein Viertel des Platzes dafür verwendet wird, zu sagen, woher der Mann stammt:

> Die Schwyzer Kantonspolizei hat am frühen Sonntagmorgen in Pfäffikon einen 25-jährigen Mann aus der ehemaligen Staatenunion Serbien und Montenegro verhaftet, der in einem kurz zuvor in Stäfa gestohlenen Mercedes unterwegs war. *(NZZ, 14.1.2008)*

Nun gut, der Mann wurde verhaftet. Wir kennen ja ein paar Schwyzer Polizisten persönlich, und das sind besonnene Leute. Die hätten auch so gehandelt, wenn es ein Nachbarsbub aus Arth-Goldau gewesen wäre. Und überhaupt ... – Ich hoffe, ich kann es deutlich machen: Es gibt keinen Zusammenhang, auch im weiteren Verlauf des Textes, zwischen dem Ereignis und der ethnischen Herkunft des Verdächtigten. Was wir aber wissen, ist, dass Ausländer grundsätzlich eher verdachtigt werden als

Einheimische. Statistiken über »Tatverdächtige« sehen immer anders aus als die Statistiken über Verurteilte. Deshalb würde das Bild sogar dann ungerecht, wenn man der absurden Idee verfiele, auf diese Weise vor einem besonders kriminellen Volk warnen zu müssen.

Leider funktioniert auch das Gegenteil nicht – die »positive Diskriminierung«. Man recherchiert bei der Feuerwehr und findet einen vorbildlich integrierten Ausländer, der dort ganz normal zusammen mit seinen schweizerischen, österreichischen oder deutschen Kollegen Dienst tut. Dass hier die Nationalität herausgestrichen wird, betont – trotz der positiven Absicht – das Außergewöhnliche. Wenn er schon so normal Dienst tut, dann dient der Sache am meisten, dass er ganz normal erwähnt wird, ohne Aufheben, ohne Kommentar. Er hat einfach einen fremdsprachigen Namen, wie im übrigen viele Mitbürgerinnen und Mitbürger, deren Vorfahren vor Hunderten von Jahren eingewandert sind.

Möglich ist dagegen, der »fremden Sicht« Raum zu geben. Dazu gehört immer eine spezielle Recherche nach dem Grundsatz: Wenn sich die Solidarität scheinbar ohne Aufwand ergibt, ist etwas faul daran. Wenn aber die Journalistin die Bewohner eines Asylbewerberheims zum Supermarkt begleitet, wo sie versuchen, einen Großeinkauf auf Rechnung zu tätigen, wird die Geschichte anders. Zwar ist es mit Aufwand verbunden, einen solchen Artikel aus der Asylbewerber-Perspektive zu schreiben. Aber wenn es gelingt, hat die Zeitung nicht nur für das Thema der »Fremden« Platz geschaffen, sondern auch für ihre Sicht der Dinge.

2 Sprachliche Techniken

Wer als Tourist nach Lanzarote fliegt und von dort nach Hause schreibt, braucht keine Zeile zu recherchieren. Er setzt sich in den schwarzen Sand, lässt den Blick über die Vulkanlandschaft schweifen und beschreibt, was er sieht. Es ist nicht leicht, einen so anschaulichen Text zu verfassen. Eine besondere Gabe wird dafür verlangt – die Gabe, alles, was man sieht, hört, tastet, riecht, schmeckt, in Worte zu fassen.

Wer als Journalist aus Lanzarote berichtet, braucht diese Fähigkeit nur in zweiter Linie. Als Erstes muss er überprüfbare Informationen sammeln. Was er schreibt, muss anschlussfähig sein: Es muss zu den Themen, die in seinem Medium diskutiert werden, in Beziehung stehen, es muss bisherige Diskussionen weiterführen oder eine neue sorgfältig lancieren.

Das bedeutet, dass man sich etwas weniger in die Farbe des Gesteins vertieft und etwas mehr in Texte: in politische, historische, naturwissenschaftliche, kunsthistorische Literatur, in Zeitungen und Bücher. Aber das ist (zum Glück) nicht die einzige Art von Texten. Zu den schriftlichen Quellen kommen mündliche hinzu: Gespräche mit einheimischen Arbeitern, Politikerinnen, Touristen, Geschäftsleuten usw. All diese gelesenen und gehörten »Texte« bilden die Basis für den journalistischen Text. Das sinnlich Erlebte, so wichtig es auch ist, kommt erst dann hinzu.

Texte aus Texten

Im Journalismus bedeutet Schreiben, Texte zu verarbeiten. Das meiste, was Sie schreiben werden, hat schon jemand anders geschrieben oder gesagt.

Dies mag zwar nicht der klassischen Vorstellung sprachlicher Kreativität entsprechen. Aber es hat den Vorzug, dass Sie mehr mitkriegen, als wenn Sie sich nur auf Ihren Spürsinn verließen. So kommt nicht nur die touristische Oberfläche des Landes in den Text, sondern auch die Nöte der einfachen Bewohner, die Schicksale der afrikanischen Flüchtlinge.

Journalistische Texte entstehen textbasiert – auf der Basis bereits existierender Texte (und »Text« bedeutet hier ebenso gut mündliche wie schriftliche Äußerungen). Fast alles, was geschrieben wird, liegt schon formuliert vor, in Pressemeldungen, auf Internet-Seiten, in Interviewantworten usw. Damit hat jede Information auch bereits einen Stil, eine Wortwahl, eine Perspektive. Was davon übernommen werden soll, muss jedes Mal bewusst entschieden werden.

Deshalb bedeutet journalistisches Schreiben immer wieder, sich auf die eigene Sprache zu besinnen. Journalistisch schreiben heißt abgrenzen.

Primär ist deshalb nicht die Fähigkeit, etwas Neues zu schreiben, sondern die Fähigkeit, etwas neu zu schreiben. Grundlage dafür ist die kritische Haltung zu fremden Texten – auch zu der darin vertretenen Position. Oft geht dies am besten, indem man die Texte aufbricht, ihre Sätze portioniert.

Das Zauberwort heißt Portionieren

Das einfachste und wichtigste Hilfsmittel für alle Lebenslagen ist das Portionieren. Was auch immer Ihr Thema ist: Sagen Sie es in kurzen, einfachen Sätzen. Das verschafft Ihnen den Überblick über die Zusammenhänge und es hilft zu erkennen, ob Sie die treffenden Wörter gewählt haben.

Das bringt Portionieren

Immer wenn einem bei einem (eigenen oder fremden) Satz mulmig ist, sollte man ihn portionieren. Wenn man dann mehrere Sätze vor sich hat, fällt auf, was nicht stimmt. Etwa hier, im Einstieg zu einem Beitrag der *Thüringer Allgemeine* (mit dem kryptischen Titel: *Nicht vorher quatschen*):

> Wenn der Stein der Weisen nächtens in der Erfinderstube in greifbare Nähe rückt, wachsen auch die Schatten der Sorgen, dass auf den letzten Metern noch mehr als nur etwas schiefgehen kann. *(TA online, 21.3.2008)*

Was wird hier alles gesagt? – Portionieren wir:

> Jemand hat Sorgen.
> Die Schatten dieser Sorgen wachsen.
> Sie wachsen nachts in der Erfinderstube.
> Dann rückt der Stein der Weisen in greifbare Nähe.
> Und dies betreffen diese Sorgen:
> Auf den letzten Metern könnte etwas schiefgehen.
> Nicht nur etwas, sondern mehr als nur etwas.

Dieser Prozess zeigt, welche Fragen offengeblieben sind: Wer hat denn hier Sorgen? Ein ellenlanger Einstiegssatz, und es ist nicht klar, von wem die Rede ist. Durch das Portionieren wird immerhin das ominöse Wort *Erfinderstube* etwas stärker betont. Wer Sorgen hat, so zeigt sich im weiteren Verlauf des Artikels, ist ein Erfinder. Und was in greifbare Nähe rückt, ist eine Erfindung, an der er lange getüftelt hat.

Im Text wird es um die juristischen Probleme gehen, mit denen Erfinderinnen und Erfinder zu kämpfen haben. Um darauf attraktiv hinzuweisen, ist dieser Einstiegssatz einfach zu überladen.

Woran es liegt, was zu viel ist, was zu metaphorisch, ist nicht auf Anhieb zu sagen. Aber der Versuch mit dem Portionieren hilft. Er zeigt, wie viele Aussagen da kombiniert sind und was alles erklärt oder weggelassen werden muss, damit der Satz funktioniert.

Da kann man's lernen

Portionieren ist zwar ein Hilfsmittel in der Vorbereitung. Aber überall da, wo man auf Anhieb verstanden werden will, sollte auch der endgültige Text portioniert sein. Dies gilt in besonderem Maß für gesprochene Sprache.

Das folgende Beispiel ist eine Anmoderation aus einer aktuellen Radiosendung. Wer da umständlich, schwer verständlich spricht, hat die Zuhörer schnell verloren. Deshalb spricht die Moderatorin hier in kurzen Sätzen. Und jeder neue Satz bringt gerade so viel neue Information, wie wir beim einmaligen Anhören aufnehmen können:

> Die Lebensmittelpreise steigen und steigen. Und auch Treibstoff kostet mehr und mehr. Der Ölpreis hat heute früh eine neue psychologische Marke überschritten; zum ersten Mal kostet das Fass Öl mehr als 115 Dollar. Teures Öl, teure Lebensmittel – das bedeutet auch, dass die Inflation weiter angeheizt wird. Die Gefahr steigender Preise nimmt zu. *(Radio DRS, 17.4.2008)*

Mit diesen Worten wird zu einem Beitrag über die Hintergründe der Preissteigerungen übergeleitet. Es sind relativ kurze, einfach gebaute Sätze. Das einzig Negative, das vermerkt werden sollte, ist der »Immermehrismus«: *Steigen und steigen* oder *mehr und mehr* sind unpräzise Ausdrücke, die darüber hinwegtäuschen, dass eine Banalität betont wird. Der einzige konkrete Beleg ist die Angabe des aktuellen Ölpreises.

Aber diese Anmoderation hat dennoch einen weiteren Vorzug. Sie enthält viele Wiederholungen. Diese machen den Text redundant, sichern das Verständnis zusätzlich ab. (Vgl. dazu Kapitel 6.)

Beispiele zum Ausprobieren

Mit Portionieren allein bringt man keine endgültige Fassung zustande. Dazu ist es nicht gedacht. Es hilft aber, den Überblick zu gewinnen und die entstandenen kurzen Sätze so anzureichern, dass sie informativ und verständlich genug werden.

Gelegenheiten zum Portionieren ergeben sich natürlich immer, wenn ein Satz lang oder unübersichtlich oder beides ist. Aber wenn er mit einem langen Vorgeplänkel anfängt, sollte dies immer ein Warnsignal sein. Und solche Vorgeplänkel sind oft Nebensätze (zeitlich wie bei *nachdem* und logisch wie bei *obwohl).*

In anderen Fällen sind es substantivische Ausdrücke, wie »Vor dem Hintergrund ...« Diese sind meist leicht daran zu erkennen, dass sie mit einer Präposition *(vor, nach, während ...)* oder Konjunktion *(obwohl, nachdem, weil ...)* eingeleitet werden.

Gelegenheiten zum Portionieren

Seien Sie bei solchen Satzanfängen skeptisch:
Vor dem Hintergrund ...
Nachdem ...
Obwohl ...
Bevor ...
Ohne dass ...
Sie haben alle den Nachteil, dass sie mit einer Nebensache anfangen. Die Hauptaussage folgt erst noch. Dies ist im Textzusammenhang oft sinnvoll. Aber bei Schwierigkeiten sind dies die ersten Ansatzpunkte für das Portionieren.

Tipp

Das folgende Beispiel zeigt, dass Portionieren dazu führt, einen Satz auch inhaltlich zu überdenken:

> Nachdem sich die deutschen Top-Manager zuletzt massenhaft mit Aktien der eigenen Unternehmen eingedeckt hatten, ließen sie es in der vergangenen Woche etwas ruhiger angehen. *(Handelsblatt, 10.3.2008)*

Also: Viele Manager hatten Aktien ihres Unternehmens gekauft, und zwar massenhaft. In der vergangenen Woche dann haben sie – na, was eigentlich? Was bedeutet: *Sie ließen es in der vergangenen Woche etwas ruhiger angehen?* Ein äußerst schwammiger Ausdruck. Wenn er einigermaßen ernst genommen würde, müsste man sagen: In der vergangenen Woche haben die Manager etwas weniger massenhaft eingekauft. Aber das ist nicht gerade aufschlussreich. Portionieren kann helfen, Sprechblasen zu erkennen und sie durch direkte Aussagen zu ersetzen.

Portionieren: Test 2

Machen Sie folgenden Versuch: Bilden Sie aus den folgenden Sätzen möglichst viele Einzelsätze. Versuchen Sie es durchaus extrem. Das Ziel ist nicht, einen fertigen Text zu formulieren, sondern Klarheit über die Aussagen zu erhalten.
Im Anhang werden diese Sätze kurz kommentiert.

> 1. Vor dem Hintergrund laufender Verfahren – etwa des BAWAG-Prozesses – fand heute die Sitzung des Justizausschusses statt. *(apa-ots, 29.2.2008)*
> 2. Obwohl inzwischen knapp zwei Drittel der Amerikaner, die dem Einmarsch einst begeistert zugestimmt hatten, in Meinungsumfragen den Krieg ablehnen, zeigte der

Präsident kein Bedauern über seine Entscheidung. *(NZZ, 20.3.2008)*
3. Bei allgemeiner Stagnation der postmortalen Transplantation betragen die anteiligen Lebendspenden deutschlandweit zwischen 16 und 17 Prozent, in manchen Zentren (München, Freiburg) 30 bis 40 Prozent. *(Deutsches Ärzteblatt 102, 2005)*

Portionieren heißt Position beziehen

Wenn portioniert wird, entstehen neue Sätze. Das bedeutet, dass Subjekte hinzugefügt werden müssen. Oft fällt dann auf, dass diese gar nicht bekannt sind und recherchiert werden müssen. Man überdenkt dadurch also den Inhalt und bezieht dadurch eine klarere Position.

Umgekehrt gesagt: Manchmal sind Sätze mit Absicht komplex aufgebaut, damit gerade das vermieden wird: die klare Nennung von Tätern und Betroffenen. Dabei hilft die Technik des Wiederbelebens. Und sie kann immer direkt im Text verwendet werden.

Wiederbeleben, Teil 1

Die Transplantation stagniert: Eigentlich geht es da um Menschen – um Patienten, denen mit der Übertragung einer fremden Niere geholfen wird. Die Formulierung ist aber abstrakt. Im ganzen obigen Textausschnitt aus dem *Ärzteblatt* ist kein Mensch vorgekommen, kein lebender und kein toter.
Nun ist das den Verfassern des Textes vielleicht auch nicht wichtig. Aber sobald man versucht, den Satz zu portionieren, schleicht sich der Patient fast automatisch ein: Das Wort *Trans-*

plantation lässt sich auf das Verb *transplantieren* zurückführen. Und dieses Verb braucht ein Subjekt und Objekte.

Als Substantiv ist *Transplantation* zwar ein kleiner, praktischer Satzteil, der leicht als Subjekt eingebaut werden kann. Aus dem Satz *Die Transplantation war erfolgreich* wird: *Die Ärzte transplantieren erfolgreich eine Niere.* Das ist derselbe Sachverhalt, aber viel konkreter.

Wortkonstruktionen, die sich auf diese Weise auf ganze Sätze zurückführen lassen, werden unter dem Begriff »Komprimierung« zusammengefasst. Dazu gehören Substantive (vor allem diejenigen mit der Nachsilbe *-ung*), die aus Verben gebildet worden sind, aber auch Partizipien – zum Beispiel *gesammelt* im folgenden Beispiel:

> Dank der im Lauf der Jahre auf diversen Gebieten (Landwirtschaft, Industrie, zivile Anwendungen, Transport) gesammelten Erfahrungen, wurde die Produktion des Unternehmens auf dem neuesten Stand von hoher und operativer Effizienz gezielt und bewusst gesteuert. *(www.jurop.it/ger/ lastoria2.asp)*

Dieser Satz stammt aus der Selbstdarstellung eines Pumpenherstellers, dessen Namen hier nichts zur Sache tut. Versucht man, ihn in belebte Einzelteile zu zerlegen, erscheint er nicht besonders inhaltsreich. Für uns reicht es, das Wort *gesammelt* herauszunehmen – das Partizip von *sammeln*. Wenn es wiederbelebt wird, könnte der entsprechende Teil so lauten:

Wir haben im Lauf der Jahre auf diversen Gebieten Erfahrungen gesammelt.

Ich würde dieser Firma dringend empfehlen, so zu formulieren – nicht nur weil der Text dann übersichtlicher wird, sondern weil sich so das Unternehmen *(wir)* selbstbewusster präsentiert: *Wir* haben Erfahrungen gesammelt, nicht einfach irgendwer.

Wiederbeleben, Teil 2

Wiederbeleben hat auch einen etwas ernsthafteren Aspekt –
zum Beispiel bei dieser Agenturmeldung:

> Amnesty International hat eine Kampagne gegen Unterdrü-
> ckung im Internet gestartet. Die Menschenrechtsorganisa-
> tion prangert Zensur sowie Eingriffe von Staaten und Kon-
> zernen in die Freiheit im Internet an. *(ddp, 29.5.2006)*

Wer dies erkennt, wird merken, wie abstrakt diese beiden Sätze
sind. Wer unterdrückt wen? In wessen Freiheit wird eingegrif-
fen? Dies sind keine großen Rätsel – aber wenn die Komprimierungen wiederbelebt würden, müsste viel konkreter gesagt
werden, worum es geht.

Wiederbeleben hilft auch, Wortungetüme zu erkennen und
zu hinterfragen. Den Verfassern des nordrhein-westfälischen
Kinder- und Jugendberichts kann sicher kein böser Wille unter-
stellt werden. Aber sie schreiben solche Sätze:

> Die höchsten Realschulquoten finden sich bei den Kindern
> von Facharbeitern und Vorarbeitern sowie bei Angestellten
> mit einfacher Fachtätigkeit.

Die höchsten Realschulquoten finden sich bei Kindern ... Gemeint
ist, dass mehr Kinder von Facharbeitern und Vorarbeitern (usw.)
als Kinder anderer Eltern in die Realschule gehen. Nun gut, das
ist auch im Original noch einigermaßen verständlich, und *Real-
schulquote* macht's so schön handlich. Aber es ist unpersönlich
und abstrakter als nötig.

Immerhin kommen in diesem Satz die Kinder noch vor. Aber
beim folgenden bin ich mit meinem Latein am Ende:

29

> Die höchsten Hauptschulquoten finden sich bei Haushalts-
> bezugspersonen, die an- und ungelernte Arbeiter oder aus-
> führende Angestellte sind.

Wer als Journalist oder Journalistin einen solchen Text auswer-
ten muss – und dies gehört zu den Routineaufgaben – sollte
sich bemühen, ihn wiederzubeleben und im eigenen Text Sätze
zu formulieren, die nicht nur verständlicher sind, sondern auch
menschlicher.

3 Aufbaupräparate: Haupt-aussagen und Nahaufnahmen

Journalistisches Schreiben ist Auseinandersetzung mit zugeliefertem Material. Pressetexte, Interviewantworten oder Artikel aus dem Archiv sind nie neutral. Ihre Subjektivität liegt nicht nur in der Informationsauswahl und in der Perspektive, sondern auch in der Anordnung der Informationen. Wer einen eigenen Text schreiben will, muss seinen Aufbau bewusst wählen.

Neu anordnen

Kurze Sätze können ihre Tücke haben. Texte, die in vielen kurzen Sätzen geschrieben sind, können zerbröseln. Man steht unversehens vor einer Menge einfacher Aussagen, die noch völlig ungeordnet sind. Wie sollen sie angeordnet werden?

Was ist zum Beispiel mit dieser Folge einfacher Sätzen zu tun, wenn daraus eine kurze Meldung entstehen soll? *(Tages-Anzeiger, 19.3.2008)*

Prinz Charles in Klosters erwartet

1. Seine Ferien in der Schweiz will Prinz Charles dieses Jahr ganz privat genießen.
2. Prinz William und seine Freundin Kate Middleton sind bereits in Klosters eingetroffen.
3. Wann er kommt, mit wem er kommt und wie lange er im Prättigau bleiben wird, will die britische Botschaft in Bern nicht sagen.
4. Prinz Charles scheint seine Sportferien dieses Jahr ganz ohne die Öffentlichkeit genießen zu wollen.

5. Folglich wird es auch kein Foto-Shooting mit dem Thronfolger geben.
6. Nach Angaben der italienischen Nachrichtenagentur Ansa soll Charles morgen in Klosters eintreffen – ohne seine Ehefrau Camilla.
7. Die im »Blick« von heute abgedruckten Bilder, welche Prinz William und seine Freundin Kate Middleton beim Skifahren in Klosters zeigen, wollte die Botschaftssprecherin nicht kommentieren.
8. William und Kate haben Klosters in besonderer Erinnerung.
9. Die britischen Boulevardzeitungen druckten vor zwei Jahren Fotos des Paares, wie es sich erstmals in der Öffentlichkeit küsste.
10. Der britische Thronfolger besucht Klosters nach einem Unterbruch.
11. Letztes Jahr machte er keine Skiferien.
12. Ansonsten ist Charles seit rund 30 Jahren regelmäßig Gast im Ferienort im Prättigau.

Was ist an diesem Text merkwürdig? – Die Satzfolge ist nahezu beliebig. Probieren Sie es aus: Der Text würde auch Sinn ergeben, wenn er mit Satz Nummer 6 anfinge, etwa so:

6 –1–4 – 3 …

Auch 10–3 – 5–1 … funktioniert ganz gut.

Das Problem besteht nicht nur darin, dass hier Meldungen über verschiedene Hauptpersonen vermischt sind: über Charles und Camilla und über William und Kate. Hinzu kommt, dass innerhalb der Geschichte über Charles keine Hierarchie der Aussagen erkennbar ist. Der Leser muss die Informationen einzeln zur Kenntnis nehmen und den Zusammenhang selbst herstellen.

Dies ist die extreme Folge eines portionierten Stils: Wenn dabei nur Hauptsätze entstehen, ist bald nicht mehr klar, wie sie zusammenhängen. Extrem wichtig werden dann Konjunktionen und andere Werkzeuge der Verknüpfung. Im Beispiel fängt ein Satz mit einer Verknüpfung an: Nummer 5. Das bindet ihn eng an den vorangegangenen Satz. Auch Satz 10 und 11 gehören eng zusammen – nicht dank einer Konjunktion, sondern aus inhaltlichen Gründen: *Letztes Jahr machte er keine Skiferien,* ist klar erkennbar als Erklärung für das Wort *Unterbruch* (schweizerisch für *Unterbrechung*).

Aber alles andere bleibt Verhandlungssache, und weil alle Sätze sonst gleichwertig sind, ist auch die folgende Kombination möglich:

> Nach Angaben der italienischen Nachrichtenagentur Ansa soll Charles morgen in Klosters eintreffen – ohne seine Ehefrau Camilla. Seine Ferien in der Schweiz will Prinz Charles dieses Jahr ganz privat genießen.

Ob dies eine infame Unterstellung ist oder nicht, sagt der Text nicht, solange er keine klare Struktur hat, sondern aus einer Aufzählung von Sätzen ohne Verknüpfung besteht.

Meldung

Solche schwach strukturierten Texte entstehen oft, wenn das Thema nicht tagesaktuell ist und die Hauptaussage mit Hintergrundinformationen unterfüttert werden muss. Zum Glück kann da nicht viel Unheil angerichtet werden.

Sobald es sich aber um eine aktuelle Nachrichtenmeldung handelt, ist eine klare Struktur vonnöten. Das folgende Beispiel (eine Agenturmeldung vom 21.3.2008) etwa ist nur in dieser Reihenfolge akzeptabel – solange es sich um einen aktuellen journalistischen Text handeln soll:

1. In Russland ist ein 32 Jahre alter Reporter des staatlichen Fernsehsenders »Erster Kanal« in seiner Wohnung ermordet worden.
2. Der Journalist sei mit Stichwunden und einem Gürtel um den Hals gefunden worden, meldete die Agentur Interfax am Freitag unter Berufung auf die Polizei.
3. Nach Angaben der Ermittler gab es zunächst keinen Hinweis auf ein berufliches oder politisches Tatmotiv.
4. Der Reporter Iljas Schurpajew hatte nach Angaben seines Senders vor allem aus der Unruheregion Dagestan im Nordkaukasus berichtet, woher er auch stammte.
5. In Russland kommen jedes Jahr Journalisten gewaltsam ums Leben. Oft werden die Todesumstände nie vollständig aufgeklärt.

Auch hier gibt es keine expliziten Verknüpfungen. Und doch ist mit dem Inhalt der Sätze deren Reihenfolge vorgegeben. Der Tradition des Nachrichtenschreibens entsprechend, beginnen sie mit der aktuellsten und enden mit der allgemeinsten Information. Dazwischen nimmt die Aktualität der Sätze stetig ab: Der zweite Satz kann noch relativ konkret die Frage beantworten, auf welche Weise der Journalist ermordet wurde. Der dritte, ein indirektes Zitat der Ermittler, befasst sich mit dem Motiv. Der vierte Satz bringt eine Zusatzinformation über das Opfer. (Schurpajew hat aus der Krisenregion Dagestan berichtet. Man weiß nach dem Mord an Anna Politkowskaja, dass Journalisten, die den Nordkaukasus bereisen, gefährdet sind.) Der fünfte Satz schließlich ordnet die Nachricht auf einer sehr generellen Ebene ein, indem er wiedergibt, was fast schon Allgemeinwissen ist.

Von der Meldung zum Bericht

Je aktueller und kürzer ein Text ist, desto enger ist man an das Aufbauprinzip der Nachricht gebunden. Ein Ereignis wird gemeldet – und dazu beginnt man traditionell mit der Hauptsache, damit, was neu ist. Der Vorzug: Es entsteht ein linearer Text, bei dem jeder neue Satz an den vorangegangenen anschließt. Der Nachteil: Das Wichtigste wird zuerst gesagt. Vieles, was zum Verständnis nötig ist, kann erst nachgeliefert werden. (Besonders problematisch ist dies bei Hörmedien. Wie oft geschieht es doch, dass man nur noch den Schluss einer Nachricht aufschnappt und deshalb nicht erfährt, wen oder welches Land die Sache betrifft!)

Bei längeren Texten, vor allem wenn kein aktuelles Ereignis gemeldet werden muss, sind freiere Strukturen möglich. Das soll an einem älteren feuilletonistischen Text gezeigt werden:

Victor Auburtin: Alt und neu

Es gibt alte Dinge, und es gibt neue und junge Dinge. Und sehr häufig sind die alten Dinge angenehmer als die neuen.

So haben zum Beispiel viele Leute den Herbst lieber als den Frühling; weil der Herbst alt ist, besonnen und silberhaarig, der Frühling aber ein halbwüchsiger Bengel, der nur Dummheiten anstellt.

Und dass der alte Holländer Käse besser ist als der neue, darüber ist sich alle Welt einig.

König Alfons der Heilige von Kastilien pflegte zu sagen: Vier gute Dinge sind in der Welt: altes Holz, um Feuer zu machen, alter Wein, um ihn am Feuer zu trinken, alte Bücher, um darin zu lesen, und alte Freunde, um ihnen zu vertrauen.

Daher die vielen Mittel, die der Mensch erfunden hat, um neue Dinge künstlich alt zu machen. Man macht eine Kommode künstlich alt, indem man sie mit Schrot beschießt, man macht neuen Holländer Käse künstlich alt, indem man ihn in Urin legt; und dergleichen.

Und jetzt hat ein französischer Professor ein Mittel erfunden, um künstlichen alten Wein herzustellen. Der erste beste Krätzer wird einem Strom von 1 000 000 Volt ausgesetzt, und gleich nimmt dieser Krätzer das feine, schwere Aroma einer alten Edelmarke an. »Oberkellner!« ruft der Gast, "Sie haben mir da ja einen miserablen neuen Wein gebracht; ich hatte doch 1911er bestellt."

»Einen Augenblick«, erwidert der Kellner, indem er die Flasche fortnimmt, »wir haben eine elektrische Batterie im Hause, in zwei Minuten wird er zwanzig Jahre älter sein.«

Aber ein Mittel, neue Freunde alt zu machen, ein solches Mittel gibt es bis jetzt noch nicht. Man mag einen neuen Freund mit Schrot beschießen, so viel man will, oder man mag ihn in Urin legen, er wird dadurch nicht älter und nicht vertrauenswürdiger. Alte Freunde lassen sich nicht künstlich herstellen.

Deshalb gibt es auch so wenige.

Tun wir mal so, als ob dies ein gut recherchierter aktueller Text wäre. Dann ist darin ganz klar eine Nachricht verborgen. Sie beginnt allerdings nach einem längeren Räsonnement und findet sich ziemlich genau in der Mitte des Textes:

Ein französischer Professor hat ein Mittel erfunden, um künstlichen alten Wein herzustellen.

Daraus ließe sich mit weiteren Informationen aus dem Text eine kurze Meldung basteln – etwa so:

Ein französischer Professor hat ein Mittel erfunden, um künstlichen alten Wein herzustellen.
Dazu wird eine starke elektrische Batterie verwendet.

> Damit wird der Wein einem Strom von hunderttausend Volt ausgesetzt.
> Er nimmt dann das Aroma eines viel älteren Weins an.

In dieser einfachen Form ist natürlich der ganze Zauber des Textes dahin. Aber es wird gerade dadurch auch klar, dass persönliche Färbungen, Besonderheiten der Wortwahl und des Satzbaus in einer Nachrichtenmeldung keinen Platz haben.

Erweiterte Nachricht

Der Text von Victor Auburtin ist aber gar nicht weit von einem wirklich existierenden Meldungstyp, dem man in der Praxis sehr oft begegnet: der »Jetzt«-Meldung. Sie kommt in Wochenzeitschriften häufig vor, die keine tagesaktuellen Ereignisse melden können und schon deshalb ihre Nachrichten stärker aufbereiten müssen.

Im *Spiegel* zum Beispiel ist dieser Typ oft zu finden. Die Nachricht fängt mit einer allgemeinen Betrachtung an – ähnlich wie oben, wenn auch weniger ausholend – und geht dann in eine Meldung über, die den traditionell hierarchischen Aufbau hat:

> Der Mensch hat viele Mittel erfunden, um neue Dinge künstlich alt zu machen.
> Man macht eine Kommode künstlich alt, indem man sie mit Schrot beschießt.
> Man macht neuen Käse künstlich alt, indem man ihn in Urin legt, und dergleichen mehr.
> Jetzt hat ein französischer Professor ein Mittel erfunden, um künstlichen alten Wein herzustellen.
> Dazu verwendet er eine starke elektrische Batterie.

> Damit wird der erste beste Krätzer einem Strom von hunderttausend Volt ausgesetzt.
> Er nimmt dann das Aroma einer alten Edelmarke an.

Ich habe hier *Krätzer* und *alte Edelmarke* wieder eingefügt – nicht weil dies typischer *Spiegel*-Stil wäre, aber um anzuzeigen, dass mit der Entfernung vom tagesaktuellen Text auch die stilistische Freiheit wieder zunimmt.

Eine Nachricht anfietschern

Eine andere Möglichkeit, eine Nachricht aufzubrechen, ist das Voransetzen einer Nahaufnahme: Ein Zitat oder eine konkrete Besonderheit wird als Vorspann verwendet. Darauf folgt dann die Nachricht in der alten Fassung:

> *»Oberkellner!« ruft der Gast, »Sie haben mir da ja einen miserablen neuen Wein gebracht; ich hatte doch 1911er bestellt!« – »Das haben wir gleich!« sagt der Kellner, »in zwei Minuten wird er zwanzig Jahre älter sein.«*
> Ein französischer Professor hat ein Mittel erfunden, um künstlichen alten Wein herzustellen.
> Dazu wird eine starke elektrische Batterie verwendet.
> Damit wird der Wein einem Strom von hunderttausend Volt ausgesetzt.
> Er nimmt dann das Aroma eines viel älteren Weins an.

In der deutschen Journalistensprache ist für dieses Verfahren das Wort *anfietschern* erfunden worden (nach dem englischen Wort *Feature*). Eine angefietscherte Meldung hat oft einen konventionellen Aufbau, aber einen attraktiven Einstieg, der etwas konkreter wird und damit neugierig macht.

Bericht

Für den Bericht gibt es prinzipiell zwei verschiedene Möglichkeiten: Entweder ist er an einem Ereignis aufgehängt – dann wird er sich immer der Nachrichtenform annähern. Oder er konzentriert sich stärker auf die allgemeine Darstellung eines Themas. Dann ist die Struktur argumentativ.

Im Fall *Alt und Jung* ergäbe sich die argumentative Grundstruktur etwa aus den folgenden Aussagen:

1. Alte Dinge sind begehrt. *(These)*
2. Deshalb wird oft versucht, Dinge künstlich alt zu machen,
3. damit sie wertvoller aussehen. *(Argument)*
4. Beispiele: Möbel, Käse, Wein. *(Illustration)*
5. Allerdings hat das seine Grenzen. Beispiel: Freunde. *(Gegenthese)*
6. Deshalb sind alte Freunde so selten. *(Schlussfolgerung)*

Dieser Struktur könnte man jetzt folgen und bekäme, wenn man jede Aussage etwas ausführte, einen einfachen Bericht. Allerdings würde er relativ unattraktiv anfangen – mit einer sehr allgemeinen Feststellung.

Deshalb verwendet der journalistische Bericht das Verfahren der Nahaufnahme: Ähnlich wie im Beispiel der aufgebrochenen Meldung kann eine konkretere Aussage vorangestellt werden. Etwa so:

Jeden Samstagnachmittag wird bei Schreiner Manuel S. geballert. Mit seinem Lehrling schließt er sich in seiner Werkstatt ein und schießt mit der Schrotflinte auf neue Kommoden. Seine Kunden stehen auf Antiquitäten. Und er verkauft ihnen gerne Ware mit vielen Wurmlöchern.

Hier lässt sich jetzt ein allgemeiner Teil anfügen. Weil eine kleine Episode das Interesse geweckt hat, werden die weiteren Informationen interessanter.

Nahaufnahmen sind nicht nur Episoden und Zitate, sondern auch Beschreibungen, Illustrationen – kurz: alle Passagen, die den Abstraktionsgrad etwas senken. Einen oder zwei Sätze lang wird etwas konkreter berichtet, dann kann die allgemeine Linie wieder fortgeführt werden.

Dank dieser Nahaufnahmen kann die allgemeine Struktur dann relativ unspektakulär einem Prinzip folgen, das sich aus dem Thema ergibt – zum Beispiel:

Chronologisch: Zu berichten ist der Fortgang der Ereignisse – zum Beispiel die Abfolge der Erfindungen zur künstlichen Alterung, vom Käse bis zum Wein.

Da der streng chronologische Aufbau allerdings sehr leicht durchschaubar ist, wird er häufig trotz Nahaufnahmen durchbrochen. Man beginnt zum Beispiel mit dem Aktuellsten und kehrt am Schluss wieder dahin zurück (zyklischer Aufbau). Oder man greift zunächst eine Passage aus der Mitte heraus und rollt danach die Vorgeschichte auf, um dann die neuesten Entwicklungen anzufügen.

Kontrovers: Wenn sich zwei Konfliktparteien gegenüberstehen, eignet sich eine Struktur des Schlagabtauschs gut, wie sie hier angedeutet ist:

> (Perspektive A:) Eine Anti-Aging-Partei ist gegründet worden. Sie wendet sich gegen die vielen Bemühungen, neue Dinge künstlich alt zu machen.
> (Perspektive B:) Das Altmachen grassiert besonders unter Antikschreinern. Sie verwenden dabei unter anderem Lauge und Schrotflinten.

> (Perspektive A:) Die AA-Partei hat jetzt eine Unterschriften-
> aktion gestartet, um mit einem neuen Gesetz den Machen-
> schaften der Altmacher Einhalt zu gebieten.
> (Perspektive B:) Diese indessen zeigen sich unbeeindruckt
> und haben vielmehr gedroht, zu diversifizieren. Sie legen
> bereits Käse in Urin und drohen, auch neuen Wein ähnlich
> zu behandeln.

Und so weiter.

Nach jedem Schritt ist es möglich, näher heranzugehen und etwa besorgteste Zitate der Gegner zu bringen oder die drastischen Maßnahmen der Altmacher zu schildern.

Je freier die journalistische Form, je weiter sie sich also von den strengen Vorgaben einer Nachrichtenmeldung entfernt, desto persönlicher wird sie. Eine freiere Form eröffnet mehr Möglichkeiten zur stilistischen Kreativität. Deshalb lässt die Sprache auch immer mehr von der Person des Journalisten oder der Journalistin ahnen. Dies führt schließlich zur Reportage oder zum Feature, wo die Auseinandersetzung des Autors mit seinem Thema deutlich zu greifen ist. Eine Reportage erhält ihren roten Faden sehr oft aus dem Verlauf der Recherche. Das heißt: Eine der Hauptpersonen ist die Journalistin selbst, die schildert, wie sie das Thema angegangen ist. Ihre Beobachtungen sind klar subjektiv, ihre Interviews mit den Informanten werden nicht selten zu Streitgesprächen.

Journalistisches Erzählen

Journalistisches Erzählen ist anders als literarisches Erzählen. Ein wichtiger Unterschied besteht in der Figur des Erzählers. Im Roman oder in der Kurzgeschichte ist der Erzähler eine fiktive Person. Im Journalismus gehört er zur selben (Welt-)Gesellschaft wie die von ihm dargestellten Figuren und wie auch das Publikum.

Der folgende Ausschnitt aus einer Reportage aus Tschad (von Kurt Pelda, NZZ, 27.1.2007) zeigt, wie der journalistische Erzähler präsent wird, auch wenn er nirgends *ich* sagt:

> Auf dem gleißenden Wasser des Chari treiben Pirogen gemächlich flussabwärts. Fischer werfen Netze aus oder zupfen an Angelschnüren. Am Ufer schleppen Männer Gießkannen die Böschung hoch, die Körper schweißüberströmt. Oben angekommen, wässern sie Salatbeete. In der Trockenperiode ist der Chari ein Rinnsal, doch in der Regenzeit schwillt er zu einem mächtigen Strom an. Nur wenige hundert Meter von dieser Idylle entfernt fährt ein französischer Militärjeep der Startbahn des Flughafens von Ndjamena entlang. Soldaten in kurzen Hosen schießen Petarden in die Luft, die mit einem Knall in einem weißen Wölkchen zerplatzen. Damit sollen Vögel vertrieben werden, die den hochgezüchteten Triebwerken der französischen Kampfflugzeuge gefährlich werden könnten. Es folgt ein ohrenbetäubendes Fauchen und Dröhnen, der Boden beginnt zu vibrieren. Kurz hintereinander steigen zwei Mirages F1 in den Farben der französischen Luftwaffe auf, die Düsen rotglühend vom Nachbrenner.

Im Lauf des Textes wird deutlich, dass diese konkreten Beobachtungen die Perspektive des Reporters wiedergeben. Sie steht im Kontrast zu den Hintergrundinformationen und offiziellen Zitaten. So wird zum Beispiel die Frage gestellt, wer die Kontrahenten im Tschad unterstützt:

> Wie sehr die tschadischen Rebellen vom Sudan abhängen, zeigen nicht zuletzt die von ihnen im Internet verbreiteten Erfolgsmeldungen. Nicht selten geben Sprecher der Widerstandsgruppen sudanesische Handy-Nummern für Inter-

views an. Auch der Guerillachef Tom Erdimi, ein Verwandter des tschadischen Diktators Idriss Déby, ist zeitweise unter einer sudanesischen Nummer erreichbar.

Zu diesen Informationen kommen Nahaufnahmen. Der Autor fügt sie ein, um allfällige weitere Dimensionen erkennbar zu machen, die nicht so leicht greifbar sind. Diese zeigen aber dem europäischen Publikum, dass der Konflikt nicht auf die afrikanische Region beschränkt ist:

Diese komplexen Zusammenhänge sind natürlich von geringem Interesse für all die Waffenhändler, Söldner und Kriegsgewinnler, die gelegentlich in Ndjamena auftauchen und mit Déby Geschäfte machen. In der Bar des Novotel vergnügt sich zum Beispiel eine Gruppe mexikanischer Söldnerpiloten, die Débys vor kurzem erstandene Kampfhelikopter fliegen. Am Tisch nebenan unterhalten sich zwei Männer auf Schweizerdeutsch. Der eine trägt ein T-Shirt der Stanser Pilatus-Flugzeugwerke. Die beiden Techniker sind nach Ndjamena gekommen, um ein Trainingsflugzeug vom Typ Pilatus PC-7 zu reparieren. Wer genügend lange am Flughafen wartet, kann mit etwas Glück beobachten, wie eine Pilatus-Maschine in den Tarnfarben der tschadischen Luftwaffe von einem Traktor über die Piste zu einem Hangar gezogen wird. Unter den Flügeln lassen sich keine Aufhängevorrichtungen für Raketenwerfer und andere Waffen erkennen – zumindest nicht im Moment.

Die Nahaufnahmen, in die allgemeine Darstellung eingefügt, lassen erkennen: Ich war da, ich habe aufgepasst. Und dennoch enthält der Text keine Wertung. Rein durch die Auswahl der Beobachtungen werden die allgemeinen Informationen kontrastiert und mit der Wirklichkeit der Leser verknüpft.

4   Fremde Rede: Abgrenzen und Stimme verleihen

Wenn Journalisten gefragt werden, warum sie Zitate verwenden, sagen viele: »Als Beleg.« Andere meinen: »Damit Leben in den Text kommt.« Beides ist richtig. Beides ist notwendig: Zitate machen Texte glaubhafter und attraktiver.

Vom Beleg zur Szene

Ein Sachse baggert mit seinem Bagger im Erzgebirge. Er sucht nach dem ominösen Bernsteinzimmer, das die Nazis angeblich 1944 aus Königsberg abtransportiert haben. Heinz Peter Haustein, Bürgermeister von Deutschneudorf, weiß aus bester Quelle, dass am Ende des 2. Weltkriegs Kisten voll Bernstein in seiner Gemeinde vergraben wurden: Ein Bürger seines Dorfs hat ihm dies auf dem Totenbett gestanden. Und darauf ist Verlass. Denn:

> »Der Zeuge war mein Vater«, sagt Haustein.

Nochmals das Gleiche: Im Erzgebirge gräbt also dieser Sachse nach dem Bernsteinzimmer. Und so weiter. Sie kennen die Geschichte ja jetzt. Ein Bürger seines Dorfes war Zeuge, als die Kisten vergraben wurden. Und auf seine Aussage ist Verlass. Denn:

> »Der Zeuge war mein Vater«, sagt Haustein feierlich. *(NZZ am Sonntag, 9.3.2008)*

Worin besteht der Unterschied?

Das erste Mal hat das Zitat reinen Belegcharakter. Haustein will seiner Meinung Gewicht geben. Der Journalist zitiert das. Fertig.

Das zweite Mal aber sagt er auch noch, wie denn Haustein seinen Satz ausspricht: Er sagt es feierlich. Und um dies festzuhalten, muss auch einer da sein, der ihn hört und sieht, eben der Journalist. So wird also die Szene ergänzt. Erst damit hat die direkte Rede den Text belebt. Die Figur des Journalisten ist jetzt präsent. Aus einem reinen Hinweis (für den es die Zitatform nicht einmal gebraucht hätte) ist eine Dialogszene entstanden.

Dieser kleine Zusatz verleiht dem Textstück den Charakter der Reportage. (Sie erinnern sich: die Reportage als Text über die Recherchearbeit des Journalisten.) Was sonst das Abhaken einer Fremdaussage wäre, ist jetzt Teil einer anschaulich geschilderten Handlung.

Das szenische Zitat

Szenische Zitate lassen die Menschen plastisch werden. Gleichzeitig weisen sie auf die Recherchearbeit hin. Das Zitat ist als Teil eines Dialogs erkennbar und es erhöht die Glaubwürdigkeit der Autorin oder des Autors.

Definition

Das szenische Zitat

Szenische Zitate sind so eingebettet, dass auch die Redesituation wiedergegeben wird. Auf diese Weise kommt auch der Kommunikator in den Blick, der bei der Äußerung dabei war.

In einem Hintergrundartikel über *Wissenschaftler auf den Spuren der Homosexualität* (Focus 48/2007) ist Platz genug, um die Menschen, die zitiert werden, auch auftreten zu lassen:

> Auf die Frage, ob er (ein Psychiater aus Chicago) in seiner Arbeit als Therapeut je Homosexuellen begegnet sei, die eine Konversion anstrebten, lacht er belustigt. In einer Großstadt wie Chicago gebe es das nicht mehr, sagt er, »und das ist auch gut so«.

Damit ist das Textstück um eine Dimension erweitert; auch die Reporterin kommt in den Blick. Das ist lebendig, aufgrund einer eigenen Beobachtung notiert. Ohne eigenes Erleben bringt man dies nicht zustande. Dann ist man darauf angewiesen, mehr oder weniger gängige Verben zu verwenden. Allerdings kann auch ein lebendiges Verb nicht darüber hinwegtäuschen, dass die Quelle aus dem Archiv stammt und der Reporter den Akteur nie gesehen hat:

> ... erläutert der Neurowissenschaftler.
> ... weiß die Psychotherapeutin.
> ... freut sich der Bäckermeister.
> ... schloss die Psychologin in einer Langzeitstudie.

All das sind Routineformulierungen, die nicht darauf schließen lassen, dass sie in Gesprächen ermittelt wurden. Wenn dies doch der Fall ist, würden die entsprechenden Stellen viel authentischer, wenn nur schon ein passendes Verb verwendet würde, das demonstriert: Ich war da und habe zugehört:

> ... antwortet X zögernd.
> ... kichert Y.
> ... sagt Z und dreht sich wieder seinem Streifenhörnchen zu.

Szenische Zitate sind in Berichten überraschend selten. Wenn man bedenkt, wie leicht es ist, auf diese Weise einem Bericht mehr Konturen zu geben, verwundert dies. Andere Formen der

Nahaufnahme (szenischer Einstieg, konkrete Beispiele usw.) sind viel häufiger. Deshalb sei hier behutsam für diese einfache stilistische Technik geworben.

Allerdings muss immer bedacht werden, dass mit einem szenischen Zitat der Autor oder die Autorin stärker präsent wird. Wenn dies auf ein einziges Textstück beschränkt bleibt, kann man's auch lassen.

Besonders wichtig ist die szenische Zusatzinformation, wenn ein Gesprächspartner nicht antwortet oder sich weitschweifig um die Antwort drückt.

Die folgenden O-Töne stammen aus einer Radio-Reportage über die Ausbildung von Personenschützern. Der Autor deutet an, dass er den Ausbilder auch mit kritischen Fragen konfrontiert hat. Er sagt:

> Natürlich können Pompluns Schüler ihre Fähigkeiten missbrauchen. Aber davon weiß der Chef-Ausbilder nichts, über solche Fälle will er nicht reden. *(Axel Schröder: Man wird schon mal nervös. Deutschlandradio, 6.2.2008)*

Diese Erklärung des Autors wäre nicht besonders aussagekräftig. Woher will er denn wissen, was P. will und was nicht? Deshalb folgt ein O-Ton. Und der ist bemerkenswert ausführlich – und ausweichend:

> Da kann ich Ihnen 'ne ganz klare Antwort geben: Wir Personenschützer sind so gut geschult, dass wir kaum noch Platz haben für ein längeres Erinnerungsvermögen. Und an solche Sachen kann ich mich einfach nicht erinnern. Also – das tut mir Leid.

Der Reporter lässt das Gesagte in einer kurzen Pause nachwirken. Dann fügt er hinzu:

> Pomplun lächelt, zuckt mit den Schultern.

Mit dieser szenischen Ergänzung ist sichergestellt, dass das Zitat nicht nur in seinem Wortlaut, sondern auch im Zusammenhang verstanden wird. Gleichzeitig wird die journalistische Situation nochmals verdeutlicht. Es wird klar: Alles, was wir erfahren, ist vom Journalisten recherchiert. Der Informationsgehalt hängt von seinem Verhältnis zu den Akteuren ab, die ihn zwar bereitwillig anlächeln, aber ihre Geheimnisse für sich behalten.

Das Zitat als Beleg

Reiner Beleg ist das Zitat grundsätzlich in der Nachrichtenmeldung. Da tritt der Autor weit in den Hintergrund. Eine Szene ist nur in Ausnahmefällen angebracht. Aber es kommt auch oft vor, dass in einem Bericht nur kurz zitiert werden soll. Dies kann darin begründet sein, dass eine weitere journalistische Szene das Tempo verlangsamen würde.

Das Zitat als Beleg kommt so schlank wie möglich daher. Es nennt nur die Aussage und die Quelle und geht dann weiter.

Das Zitat als Beleg

Ein Zitat als Beleg ist in erster Linie ein Verweis auf die Quelle. Es zeigt an, woher eine Information stammt, und unterstreicht, dass sie subjektiv ist.

Definition

Im folgenden Beispiel steht ein Zitat als Beleg. Ein Teil der Nachricht wird in indirekter Rede wiedergegeben. Diese fügt sich problemlos in den Text ein:

> Russlands Ministerpräsident Wiktor Subkow hat vorzeitig sein Büro am Sitz der Regierung in Moskau für seinen mutmaßlichen Nachfolger Wladimir Putin räumen müssen. Subkow sei in die dritte Etage des Weißen Hauses an der Moskwa umgezogen, weil das gesamte fünfte Stockwerk für Putin hergerichtet werde, berichtete die Tageszeitung »Kommersant« am Donnerstag. *(dpa, 6.3.2008)*

Für diese Nachricht, zu der keine Augenzeugen aufzutreiben sind, gibt es vorerst nur eine Quelle – den *Kommersant*. Diese wird deshalb zitiert. Fertig. Eine Szene wird daraus nicht, soll es in der Meldung auch nicht werden.

Das Zitat als Nachricht

Ein Zitat ist oft der Anlass und die Hauptinformation eines Berichts. In der Hängepartie bei der Schweizer Bundesratswahl 2007 wartete eine Nation über Nacht nur auf einen Satz aus dem Mund einer Politikerin. Würde die als Kampfkandidatin lancierte Eveline Widmer-Schlumpf das Ministeramt ihres soeben abgesetzten Parteikollegen Blocher übernehmen? *In diesem Sinne erkläre ich Annahme der Wahl:* Das war die Nachricht. Alle weiteren Meldungen, Kommentare, Spekulationen schlossen sich an diese Aussage an.

Routinezitate und Eigenwerbung

Wenn die Nachricht ein Zitat ist, sind die äußeren Umstände äußerst wichtig – die Entstehung, der ursprüngliche Kontext des Zitats. Routinemäßig werden solche Fälle als Pflichtübung konstruiert, wenn sonntags deutsche Politiker ihre Reden halten oder längere Interviews geben. Ein zusammenfassender

Einstieg, ein kurzes Zitat und irgendwo dazwischen die Angabe des Anlasses. Nachrichtenredakteure können solche Sonntagsmeldungen im Schlaf verfassen:

> Der bayrische Spielminister Konrad Pumuckl ist der Ansicht, die Bundesregierung habe ihre Karten nicht richtig gemischt. Im Deutschlandfunk sagte Pumuckl, die Kanzlerin habe das Abheben vergessen und zudem mehrere Trümpfe dem Koalitionspartner unter dem Tisch gereicht ...

Und so weiter. Die meisten Angaben sind dabei Routine. Für die Leserin oder den Leser stellen sich aber manchmal doch einige Fragen: Warum wird von allen Sonntagsrednern gerade dieser zitiert? In welchem Zusammenhang hat er es gesagt? Welche Absicht steckt möglicherweise dahinter?

Dazu ein Beispiel aus einer Sonntagszeitung. Auf Seite 1 stößt der Leser auf eine scharfe Verurteilung der Förderung von Bio-Treibstoff. Dabei wird nicht irgendein Umweltschützer zitiert, sondern jemand, der gewöhnlich auf der Gegenseite steht: der Verwaltungsratspräsident und Konzernchef des Nahrungsmittelmultis Nestlè:

> **Nestlé-Chef verurteilt Förderung von Bio-Benzin**
> 138 Millionen Tonnen Mais werden dieses Jahr alleine in den USA für die Herstellung von Biotreibstoffen eingesetzt. Nestlé-Chef Peter Brabeck sagt dazu warnend: »Diese Menge fehlt für die Lebensmittelproduktion und verschärft den Kampf um den Boden.« Das führe dazu, dass auch der Preis von Soja und Weizen steige – und das Wasser auszugehen drohe. *(NZZ am Sonntag, 23.3.2008)*

Wie hat der *Nestlé*-Chef es geschafft, als Kritiker des »Kampfs um den Boden« zum Helden einer Nachricht zu werden? Erst die folgenden Sätze lassen es ahnen:

> »Um einen Liter Bioethanol zu produzieren, brauchen Sie 4000 Liter Wasser«, sagt Brabeck im Interview. Fehlendes Wasser sei aber das größere Problem als der CO2-Ausstoß. Schon heute zapfe die Menschheit fossile Wasservorräte an, die wie das Erdöl vor Jahrmillionen entstanden seien.

»Im Interview« sagt er es also. Es ist ein Interview in derselben Zeitung. Es sind markige Zitate:

> Wenn man 20 Prozent des steigenden Erdölbedarfs mit Biotreibstoffen decken will, wie dies geplant ist, dann gibt's nichts mehr zu essen. Das ist politischer Wahnsinn.

Aber sie dienen hier der Eigenwerbung der Zeitung. Ziel ist, dass man bis Seite 37 blättert und dann das ganze Interview liest. Und darin geht es zuerst um ganz anderes – um Lob für die wirtschaftlichen Leistungen von Nestlé:

> Nestlé hat soeben die Prognose für das laufende Jahr erhöht und einen Umsatzzuwachs von 7,4 % angekündigt, obwohl die Rohstoffpreise ständig steigen. Wie gelingt es Ihnen, die höheren Preise zu überwälzen, ohne dass die Konsumenten weniger kaufen?

Die Antwort lautet, wie zu erwarten:

> Indem wir die Produkte verbessern: Wir machen sie wertvoller, wir renovieren sie ständig ...

Vom Zitat zum Dauerthema

Aber Zitate als Nachricht können auch Sprengstoff enthalten.

In der Schweizerischen Volkspartei politisiert Christoph Mörgeli. Er sitzt in Bern im Parlament und wird nicht von allen geliebt – besonders nicht von Pascal Couchepin, Regierungsmitglied (Bundesrat) einer anderen Partei.

Bei einer nichtöffentlichen Sitzung diskutierte C mit einer Kommission darüber, wie ein Verfassungsartikel zur Forschung am Menschen aussehen sollte. Bei diesem Thema sind auch in der Schweiz die Gräuel der Nazis immer im Hintergrund. Couchepin wollte auf die Experimente des berüchtigten Lagerarztes von Auschwitz, Mengele, verweisen, der mindestens 20.000 Menschen ermordet hat und bei zehnmal so vielen Morden Beihilfe leistete.

Da sich der Minister offenbar an den Namen nicht richtig erinnerte, rekonstruierte er ihn als *Dr. Mörgele.* Das löste bei Teilen der Anwesenden große Heiterkeit aus. Am nächsten Tag wurde dies zur Nachricht *(Südostschweiz, 6.2.2008).* Am übernächsten Tag folgte eine Rechtfertigung Couchepins. Dann meldete sich Mörgeli selbst zu Wort. Und schließlich wurde wochenlang über die Umstände der Entstehung des Zitats diskutiert: War es nur ein Lapsus? War es ein bewusster geschmackloser Scherz? Wie war es überhaupt aus der vertraulichen Kommissionssitzung an die Öffentlichkeit gelangt?

Es war der Kontext des Zitats, der die Diskussion stark bestimmte – als ob der Inhalt allein nicht genügte. Das ist nicht immer so. Aber es zeigt, wie viel Informations- und Unterhaltungspotenzial im Kontext steckt.

Aber für den Journalisten lohnt es sich auch aus anderen Gründen, auf die Entstehung von Zitaten zu achten. So wird nachvollziehbar, wie gearbeitet wurde:

Stammen die Zitate des Rocksängers aus einem persönlichen Interview oder aus dem Pressematerial seines Managements?

Haben Kommunikator und Akteur nur beruflichen Kontakt oder sind sie auch privat befreundet?

Ist das Gespräch mit dem Dalai-Lama ein Exklusivinterview oder beruht es auf der Mitschrift einer Pressekonferenz?

Das Publikum hat immer dann ein Anrecht auf diese Informationen, wenn die Entstehungsweise vom Üblichen abweicht. Zum journalistischen Schreiben gehört Transparenz – das Offenlegen der eigenen Arbeitsweise.

Berichterstattung von Rede-Ereignissen

Und immer wieder diese Veranstaltungen! Ob es nun die Jahresversammlung der Kaninchenzüchter ist oder die Sitzung einer Kirchgemeinde: Es ist Pflichtstoff, und meist wird er auch so behandelt: als langweiliges Protokoll eines langweiligen Abends.

Fast alles, was bei so einem Anlass geschieht, ist vorauszusehen. Es gibt eine Tagesordnung und einen klaren Ablauf. Bei den meisten Geschäften lässt sich vorhersehen, dass sie problemlos über die Bühne gehen. Und keiner der Beteiligten gibt sich die Mühe, den Abend zu beleben, weder mit einer Showeinlage noch mit einem attraktiven Redebeitrag.

Aufbrechen

Immer wenn ein Ereignis mit großer Wahrscheinlichkeit vorhersehbar ist, muss man sich bewusst davon emanzipieren. Die Gefahr besteht nämlich darin, dass der ganze Anlass entsprechend seiner Struktur abgebildet wird. *Zuerst begrüßte der Herr Präsident die Anwesenden. Dann ging es zum ersten Punkt ...* Und so weiter. Solche Vorgaben müssen durchbrochen werden. Und das lässt sich auch machen:

Das wichtigste Verfahren ist das *Aufbrechen:* nicht dem vorgegebenen Ablauf folgen, sondern der inhaltlichen Logik. Hinzu kommt eine selbständige Auswahl der Fakten und die Entscheidung, was länger, was kürzer dargestellt und was illustriert werden soll.

Inhaltlich gewichten: 100 Tagesordnungspunkte – aber einer ist für Ihre Leserschaft der wichtigste.

Schwerpunkte setzen: Das ärgerlichste Aufbauprinzip ist das Aufzählen. Dadurch bekommt jedes Thema, jede Aussage genau gleich viel Platz. Das garantiert Langeweile. Nur eine gute Gewichtung macht den Text abwechslungsreich – und zeigt gleichzeitig, dass die Berichterstatterin ihre Aufgabe kompetent wahrnimmt.

Nahaufnahmen: Wer die Distanz verändert, bringt Abwechslung in den Text. Man kann sich annähern oder sich entfernen. Vor allem aber die Detailschilderungen lockern den Text auf. Es lässt sich in wenigen Worten sagen, wie der Redner ins Publikum blickt oder welches Geschenk dem Ehrengast überreicht wurde. Wer Zeit hat, interviewt einen scheinbar unwichtigen Teilnehmer. Jedes Detail ist geeignet, wenn es zur Sache gehört und liebevoll beschrieben wird.

Direkte und indirekte Rede

Beim deutschen Musiker Dieter Bohlen ist eingebrochen worden. Bohlen und seine Freundin Fatma Carina waren im Haus. Sie wurden von den Tätern bedroht. Als sie Geräusche hören, laufen sie in die Küche. Da werden sie von den Räubern gepackt und mit Messer und Pistole bedroht.

> Bohlen gibt ihnen 60.000 Euro und einige Wertsachen aus dem Tresor, die Einbrecher wollen Fatma Carina als Geisel nehmen. Doch Dieter kann sich losreißen, die Einbrecher folgen ihm. »Ich dachte nur: Hoffentlich schießt der nicht«, sagt Bohlen später dem TV-Sender RTL ... *(Hamburger Abendblatt, 12.12.2006)*

... und er sagt es mit Anführungs- und Schlusszeichen. Damit wird deutlich, dass es sich um seine Aussage dreht, nicht um die der Zeitung.

Direkte Rede

Die einfachste Art, eigene und fremde Sprache voneinander zu trennen, ist das Zitieren in direkter Rede. Die Grenze zwischen eigener und fremder Rede wird durch Anführungszeichen deutlich gemacht. Da kann eigentlich nichts schiefgehen – solange der Zitierende bei der Wahrheit bleibt.

Die Zeitung kann nicht wissen, was Bohlen dachte. Es wäre unseriös, wenn da stünde: *Bohlen dachte: ›Hoffentlich schießt der nicht.‹* Auch dass er behauptet, irgendetwas gedacht zu haben, gehört also in Anführungszeichen. Das Abendblatt hat das korrekt gemacht.

Indirekte Rede

Eine andere Möglichkeit ist die Einfügung des Zitats in den eigenen Textfluss, indem die Verben in den Konjunktiv gesetzt werden:

> Bohlen sagte, er habe nur gehofft, der Einbrecher würde nicht schießen.

Das ist indirekte Rede:... *er habe gehofft* ... ist Konjunktiv I. Das Verb, das sich unmittelbar auf das Verb *sagen* bezieht, steht im Regelfall in dieser Form: *er habe; er sei; er gehe* ... (Dass im Beispiel noch ein Konjunktiv II folgt – »würde« – hat damit nichts zu tun, dies bezieht sich auf das Verb *hoffen* und ist ein internes Problem von Herrn Bohlens Rede, das dieser allerdings tadellos meistert.)

Bei der indirekten Rede wird also die Grenze zwischen eigener und fremder Rede durch eine grammatikalische Form markiert. Das ist (in geschriebenen Texten) weniger genau als die Trennung durch Doppelpunkt und Anführungszeichen. Bis zu einem gewissen Grad können sich eigene und fremde Rede vermischen.

Man stelle sich vor, Bohlen hätte gesagt: »*Ich dachte nur: Hoffentlich schießt der Typ nicht.*«

Der Typ ist in der Zeitungssprache leicht abwertend; aber Bohlen, den man in seiner Situation ja nicht beneidet, hat sicher ein Recht auf diese Ausdrucksweise.

Jetzt setzen wir diesen Ausdruck in die indirekte Rede – analog zum ersten Beispiel, nur dass eben da, wo vorher *Einbrecher* stand, jetzt Typ steht:

> Bohlen sagte, er habe nur gehofft, der Typ würde nicht schießen.

Typ ist jetzt nicht mehr eindeutig als Bohlens Wortwahl zu erkennen. Die Abwertung in dieser Form ist auch eine Abwertung durch den Journalisten. Trotz des Konjunktivs bei *habe* wird nicht klar erkennlich, ob die übrigen Wörter Originalzitat sind oder nicht.

Um hier dennoch neutral zu bleiben, müsste man das Wort *Typ* durch ein stilistisch nicht markiertes ersetzen – zum Beispiel eben durch *Einbrecher.* Oder man müsste es zusätzlich in Anführungszeichen setzen.

Indirekte Rede macht zwar deutlich, wer die Aussage gemacht hat, aber es macht nicht klar, welches genau die ursprüngliche Formulierung war. Das ist ein Problem der Sprache des journalistischen Berichts. Es hat damit zu tun, dass der Kommunikator es grundsätzlich vermeidet, sich mit den Wertungen des Akteurs zu identifizieren. (In literarischen Erzählungen und auch in sehr persönlichen Reportagen verläuft die Grenze anders!)

Deshalb muss immer überprüft werden, wem in der indirekten Rede die Wortwahl zugewiesen wird. Unter Umständen muss zusätzliche Distanz gewonnen werden – durch Anführungszeichen *(die »Typen«)* oder durch weitere Erklärungen *(... wie er sich ausdrückte)* oder beides.

Redebericht

Noch weniger klar sind die Grenzen gezogen, wenn eine Form ohne aktives Verb verwendet wird. Man spricht dann oft nicht mehr von indirekter Rede, sondern von zusammenfassendem Redebericht:

> *Direkte Rede:*
> Carina: »Ich hatte Angst.«
> *Indirekte Rede:*
> Carina sagte, sie habe Angst.
> *Redebericht:*
> Carina erzählte von ihrer Angst.

Dieses letzte Beispiel ist eines von vielen möglichen. Als Redebericht würden sich Dutzende anderer Formulierungen eignen – je nach Färbung, die der Kommunikator beabsichtigt:

> Carina gab als bewegendes Motiv für ihre Handlungsweise Angst an.

Damit wird deutlich, dass die Sprache des Redeberichts in erster Linie Sprache des Berichterstatters ist. Die Form ist sehr weit von der ursprünglichen Äußerung entfernt. Was wirklich gesagt wurde, lässt sich nicht rekonstruieren. Carina kann kaum behaupten, sie sei falsch zitiert worden, solange sie irgendwie die Angst erwähnt hat.

Redebericht ist äußerst praktisch. Er lässt sich – wie das letzte Beispiel zeigt – auf verschiedenste Weise in weitere Aussagen einbauen. Redebericht ist aber auch wenig attraktiv. Es ist der Stil des Protokolls, nicht der journalistischen Szene.

Subjektive Äußerungen immer als Zitat

Was aber nicht geht, ist die Form: *Carina hatte Angst.*

Mit dieser Behauptung würde der Journalist die Subjektivität des Zitats in eine Tatsachenbehauptung des Berichts verwandeln. Auch wenn es durchaus glaubhaft ist – kein Journalist hat die Kompetenz, die Gefühle einer Informantin zu beschreiben. Das kann nur sie selbst tun.

Diese Regel wird allerdings oft aufgeweicht:

Bush besorgt über Höhenflug des Ölpreises *(afp, 12.3.2008)*

Solche Behauptungen finden sich gerade in der politischen Berichterstattung häufig. Bush ist besorgt. Merkel ist traurig. Putin ist verlegen. Aber ob der US-Präsident über die Höhe des Ölpreises wirklich besorgt ist, kann ein Journalist noch weniger wissen, als ob Carina Angst hatte. Es hat sich zwar im deutschen Journalismus eingebürgert, so zu schreiben, und es ist nicht zu verhindern, dass das weiter so sein wird. Aber in Wirklichkeit ist es eine Verkürzung von: *Bush sagt, er sei besorgt ...* oder: *Bush gibt sich besorgt ...*

Was eignet sich als Zitat?

Für jede journalistische Aussage gibt es eine Quelle. Warum werden dann überhaupt einige als Zitate gekennzeichnet und andere nicht?

Wir haben darauf hingewiesen, dass Zitate als Beleg oder als Belebung einer journalistischen Szene dienen. Dies bedeutet, dass sie in besonderer Weise mit den Akteuren verbunden sind. Es sind subjektive Äußerungen, die ausdrücken, was nur die betreffende Person oder Institution sagen kann.

Ein Zitat enthält manchmal eine exklusive Tatsache, die nicht mit einer anderen Quelle überprüft werden kann. Häufig ist es aber keine Tatsachenbehauptung, sondern ein subjektiv gefärbter Kommentar: eine Meinung, eine Erfahrung, eine Absicht, eine Prognose ... – kurz: Es lässt die Stimme des Akteurs vernehmen:

Quelle oder Stimme

Das Zitat gibt Subjektives wieder – entweder eine Tatsachenbehauptung, für die keine andere Quelle zur Verfügung steht, oder eine persönliche Aussage, die durch ihre Wertung oder ihre sprachliche Form die Stimme des zitierten Akteurs erkennen lässt.

Tipp

Stimmen sind persönlich, sie geben einer Aussage eine zusätzliche Färbung. Das muss im Text auch Sinn machen.

Den Tabellenstand will niemand aus dem Mund des Fußballtrainers hören. Aber ob er mit dem erreichten Platz zufrieden ist, soll in Zitatform wiedergegeben werden. Dafür, dass der Eiffelturm 300 Meter hoch ist, braucht niemand ein Zitat des Liftführers. Aber wie es sich da oben bei Windstärke 10 anfühlt, will man direkt von ihm hören.

Auswahl von Zitaten: Test 3

In Hochdorf (das ist eine Gemeinde, die ganz in der Nähe Ihres Wohnorts sein könnte) will ein privates Unternehmen ein Pflegeheim samt Supermarkt bauen. Das halten viele für eine löbliche Idee, aber was es zu diskutieren gibt, ist der Standort: mitten im Ort, wo noch einige Bäume und ein bisschen Wiese übrig geblieben sind. Einen Kaufvertrag mit dem Unternehmen hat der Bürgermeister bereits unterzeichnet.

Im Gemeinderat wird bezweifelt, dass das korrekt war. Dennoch stimmt die Mehrheit im Nachhinein dem Vorgehen des Bürgermeisters zu. Die unterlegenen Gegner sind sauer. Einer von ihnen, CDU-Gemeinderat Z., sagt dem Reporter ins Mikrofon:

Das ist ganz und gar nicht in Ordnung. Man hat den Gemeinderat über wichtige Punkte des Projekts im Dunkeln gelassen. Wir haben keinen Kaufvertrag zu Gesicht bekommen. Zudem wurden uns die wahren Dimensionen des Pflegeheims verschwiegen. Einsprüche und Anregungen, die aus der Bürgerschaft eingegangen sind, wurden nicht einmal diskutiert. Das kann ein Chef machen, der einen Betrieb hat, aber keine öffentliche Verwaltung. Der Bürgermeister hat die Abstimmung mit dem Hinweis erzwungen, der Investor könnte Schadenersatzforderungen an die Gemeinde richten, sollte diese einen Rückzieher machen. Er hat wörtlich gesagt: »Wir können nicht zurück, dass das klar ist.« Hier wird die Demokratie mit Füßen getreten. *(Nach Stuttgarter Zeitung, 20.3.2008)*

Was von all dem würden Sie in Ihrem Bericht als Zitat von Gemeinderat Z. bringen? Was dürften Sie nicht als sein Zitat bringen? – Einen Antwortvorschlag finden Sie im Anhang.

Expertenaussagen

Eine besonders heikle Quelle sind Fachleute, die als Experten hinzugezogen werden. Man wählt sie ja, weil sie besser Bescheid wissen. Dennoch ist, was sie sagen, nicht überprüfbar – und oft genauso subjektiv wie irgendein persönlicher Kommentar.

Eine hübsche gelb-schwarz gefärbte Spinne aus Südeuropa mit dem Namen Zoropsis macht sich nördlich der Alpen heimisch und schreckt die Bürgerinnen und Bürger auf. Dass sie recht harmlos ist, scheint zwar einigermaßen gesichert zu sein. Aber das zu sagen überlässt man besser dem Experten, hier einem Zoologen vom Naturhistorischen Museum Basel:

> »Wird sie nicht gereizt oder bedrängt, beißt sie nicht«, so Hänggi. *(NZZ am Sonntag, 20.1.2008)*

Gut, dass man den Experten hat. Ohne ihn wäre der Journalist aufgeschmissen. Also fragt man ihn nach vielen weiteren Fakten, um diese beruhigende Aussage zu ergänzen. Alle diese Fakten brauchen eine Quellenangabe. Deshalb müssen sie in direkter oder indirekter Rede wiedergegeben werden – zum Beispiel:

> Für Menschen, die nicht mit einer Allergie auf das Spinnengift reagieren, sei sie ungefährlich.

Interessant ist, dass sich die Handlungsform leicht geändert hat. Es ist eine Verallgemeinerung, die auch etwas beunruhigen könnte. Wer weiß schon, ob er gegen Zoropsis-Gift allergisch ist? Gleich im Anschluss zieht der Experte den folgenden Schluss:

> Es sei deshalb unnötig, Zoropsis zu bekämpfen.

Dies ist nun keine Tatsachenbehauptung mehr, sondern eine Empfehlung. Wenn sie von den Behörden übernommen wird, hat sie gewisse Folgen (etwa für die angesprochenen Allergiker). Die drei Zitate zeigen, wie schnell sich die Rolle eines Experten wandelt. Zuerst ist er scheinbar objektive Informationsquelle. Am Schluss ist er schon Partei. Deshalb müssen Expertenaussagen in jedem Fall klar gekennzeichnet werden.

Persönliche Erfahrungen und was sich daraus ergibt

Zu den attraktivsten Zitaten gehören Berichte über persönliche Erfahrungen. Ein Beispiel aus dem obigen Spinnen-Artikel:

> Wie folgenschwer ist denn ein Zoropsis-Biss für den Menschen tatsächlich? Hänggi wollte es wissen. Zusammen mit seinem Kollegen Angelo Bolzern ließ er sich absichtlich in den Unterarm beißen. »Es hat viel weniger geschmerzt als ein Wespenstich, und auf der Haut gab es eine kleine Rötung wie bei einem Mückenstich, die nach wenigen Tagen wieder verschwunden ist«, erzählt Hänggi.

Dies ist der klassische Fall eines attraktiven Zitats: Ein Mensch hat eine bemerkenswerte Erfahrung gemacht und berichtet davon. Das wollen wir von ihm hören. Dafür ist ein Zitat angebracht.

Schwieriger wird es, wenn der ganze Text auf Erfahrungs- und Augenzeugenberichten beruht. Dies kann bei Porträts sehr leicht der Fall sein. Wenn die porträtierte Person aus ihrer Kindheit erzählt, ist es oft nicht möglich, nachzurecherchieren. Im Prinzip sollte die ganze Erzählung aus ihrem Munde zu hören sein. Das ist aus formalen Gründen fast nicht durchzuhalten. Es wird deshalb oft etwas aufgeweicht. Einzelne Episoden werden in der 3. Person wiedergegeben und nur mit eingestreuten Zitaten erweitert.

Hier erzählt eine Mitbürgerin von ihren Erfahrungen als junge medizinische Assistentin:

> ... Die Kriegszeit verbrachte sie teils in der Praxis ihres Vaters, teils in einem klinischen Labor in Ludwigsburg. »Es war mir aber auf die Dauer zu monoton, immer bloß Blutkörperchen zu zählen«, begründet sie ihren Entschluss, an ein physiologisches Institut in Danzig zu wechseln. Dort arbeitete sie als Assistentin eines Professors und zeigte Studenten, wie man etwa Frösche seziert oder Blutdruck misst. Nach weiteren Wechseln landete sie in einer Kinderklinik in Bonn. »Irgendwann war mir auch das zu langweilig, dann hab ich Schmid halt geheiratet.« *(Schwäbisches Tagblatt, 22.3.2008)*

Die Zitate sind so ausgewählt, dass das besonders gut Erzählte in direkter Rede zu hören ist. Sie zeigen auch an, dass die Erzählung authentisch ist. Und sie erinnern daran, dass sie aus nur einer einzigen Quelle stammen – von der Porträtierten selbst.

Solche Zitate werden dann am glaubhaftesten, wenn auch die Gesprächssituation geschildert wird. Also nicht:... *begründet sie ihren Entschluss,* sondern zum Beispiel:... *lacht sie. Sie beschloss, an ein physiologisches Institut in Danzig zu wechseln.*

Die Erzählung findet mit dieser einfachen szenischen Ergänzung nicht im luftleeren Raum statt, sondern in der Stube der Porträtierten, im Gespräch mit der Journalistin.

Zukünftiges

Empfehlungen, Prognosen, Absichten – was im Hinblick auf die Zukunft gesagt wird, muss im Journalismus als persönliche Einschätzung behandelt werden, auch wenn es von einem Propheten kommt, für den man die Hand ins Feuer legte:

> »Der Transrapid ist unter Dach und Fach und wird gebaut«,
> sagte Bayerns scheidender Ministerpräsident Edmund Stoi-
> ber (CSU) am Dienstag in München.« *(manager-magazin.
> de, 25.9.2007)*

Diese Behauptung Stoibers machte im Herbst 2007 die Runde. Die Magnetschwebebahn, die zwischen dem Münchner Hauptbahnhof und dem Flughafen Franz-Josef Strauß geplant war, hatte bereits legendären Status erreicht. Das Vermächtnis des Ministerpräsidenten wies weit in die Zukunft. Sechs Monate später hatten sich die vorgesehenen Kosten bereits mehr als verdoppelt. Der Plan wurde aufgegeben. Die Anführungszeichen – immer erforderlich, wenn es um die Zukunft geht – erwiesen sich als mehr als berechtigt.

Einmalige Formulierungen

Manchmal will man es einfach so hören, wie es gesagt wurde – ganz gegen alle inhaltlichen Regeln des Zitierens, nur weil es einmalig gesagt wird. Als der damalige Berliner Fraktionsvorsitzende Klaus Wowereit am SPD-Sonderparteitag vor die Genossen trat, hatte er sich vielleicht den genauen Wortlaut nicht überlegt. Aber er war entschlossen, sich zu seiner Homosexualität zu bekennen. Und es war wohl das Authentische an diesem Bekenntnis, das dazu führte, dass auch die unerwartete Formulierung saß: *Ich bin schwul, und das ist auch gut so.*

Ein Kommentator verglich die Direktheit dieses Ausspruchs mit dem Sprachstil des damaligen Oberbürgermeisters Diepgen, gegen den Wowereit antrat. Er unterstellte ihm in seinem Text einige Phrasen, um zu zeigen, wie stark diese einfache Aussage war:

> [Diepgen] lieferte Verschwommenes: »So können Sie die Frage nicht stellen.« Oder: »Sie gehen von falschen Voraussetzungen aus.« Und wenn er dann doch antwortete, sagte er auf die Frage nach der genauen Uhrzeit: »Die hängt davon ab, wie die Zeiger stehen.« *(Tagesspiegel, 12.6.2001)*

Wowereits Ausspruch hat zwei gute und für Politiker seltene Seiten: Er ist eindeutig und auf einmalige Weise formuliert.

Andere, weniger spektakuläre Fälle sind in Porträts, aber auch in aktuellen Berichten zu finden – immer da, wo man den Redner oder die Rednerin auch als Person darstellen möchte.

Abfahrtsweltcup. Der Skifahrer Bode Miller freut sich auf das entscheidende Rennen in Bormio: *Wer sich dort vor den anderen klassiert, hat die Kugel.* (*NZZ am Sonntag, 2.3.2008*) Da ist die ganze Dynamik drin, die ihm der Autor zuschreibt. (Voraussetzung ist, dass man in der *Kugel* die Trophäe erkennt.) Sein Gegenspieler Didier Cuche, mit seiner »helvetischen Zuverlässigkeit« setzt auf Sicherheit und darf daher nur eine langweilin Satz sagen: *Ich fühle mich in Form und habe Vertrauen in mein Material.* Ob die Zitate fair ausgewählt sind oder nicht – auf jeden Fall ist es hier der Sprachstil, der entscheidend zur Charakterisierung der beiden unterschiedlichen Helden beiträgt. *Genie vor Zuverlässigkeit* war der Titel des Berichts. (Am Schluss reiste übrigens jeder mit einer Kugel nach Hause – Miller als Sieger des Gesamt-Weltcups, Cuche als der rechnerisch beste Abfahrer. Das Rennen selbst war abgesagt worden.)

Wie viel Bearbeitung erträgt direkte Rede?

Wer zitiert, übersetzt. Das ursprüngliche Zitat stammt grundsätzlich aus einer anderen Sprache. Es ist zwar Deutsch, aber ein Deutsch für ganz andere Zwecke. Manchmal ist es Amtsdeutsch, manchmal Fachdeutsch, manchmal Kinderdeutsch usw. Und vielfach ist es gesprochene, spontane Sprache und dem Sprechenden war nicht einmal bewusst, dass er für die Öffentlichkeit formuliert.

Das Zitat, so wie es im journalistischen Medium wiedergegeben wird, ist deshalb immer anders als das Original. Es fehlt nicht nur der Kontext, sondern auch formale Merkmale sind weggelassen. Denn Umgangssprachliches, Dialektales, Zufälliges wirkt im journalistischen Artikel anders als im ursprünglichen Text.

Anpassen

In mehreren europäischen Ländern wird ein PISA-Test für Auszubildende entwickelt. Nicht nur ihr Wissen, sondern auch ihre praktischen Fertigkeiten – Handlungskompetenzen – sollen untersucht werden.

Ein Schweizer Bildungswissenschaftler begründet dies so:

> Äh wir können ja nicht äh von einem Elektroniker das Gleiche verlangen wie bei einem Coiffeur oder einer Coiffeuse oder von einem Informatiker. Da müssen spezifisch pro Beruf müssen dort Aufgaben zusammengestellt werden, die möglichst eben diese Handelskompetenzen messen. *(Radio DRS, 10.12.2007)*

Gerade bei diesem Thema wäre es wenig schmeichelhaft, wenn man im schriftlichen Text den Forscher genau so zitierte. Die Ähs, die Wiederholungen, die grammatikalischen Unsauberkeiten müssen bereinigt werden. Aus *Handelskompetenzen* muss *Handlungskompetenzen* gemacht werden.

Korrekt

Das Zitat muss zwei Dinge tun: Es muss inhaltlich wiedergeben, dass ein diversifizierter Test notwendig ist, und es muss
formal eine Fassung gefunden werden, die möglichst nah am
Wortlaut bleibt. Dann muss sie so eingebettet werden, dass sie
sich in den Kontext einfügt.

Mein Vorschlag für die Verschriftlichung des PISA-Zitats:

> Auch Auszubildende sollen nun also zum PISA-Test antreten.
> Dabei soll nicht nur getestet werden, was sie wissen, sondern
> auch was sie praktisch können, in der Werkstatt, im Büro, im
> Krankenhaus. Dies bedeutet aber, dass für jede Berufsgruppe
> eigene PISA-Aufgaben entwickelt werden. Denn, so Serge
> Imboden vom Bundesamt für Berufsbildung und Technologie:
> »Wir können ja von einem Elektroniker nicht das Gleiche
> verlangen wie von einem Coiffeur oder einer Coiffeuse oder
> von einem Informatiker. Deshalb müssten für jeden Beruf
> Aufgaben zusammengestellt werden, die die spezifischen
> Handlungskompetenzen messen.«

Am Rand des Vertretbaren ist allerdings die Verschiebung des
Wörtchens *spezifisch*. Aus *spezifisch zusammenstellen* ist *spezi-
fische Aufgaben* geworden. Damit ist ein neuer Bezug entstanden – als Konzession an die sprachliche Verträglichkeit.

Die bessere Lösung wäre es, nur den ersten Satz in direkter
Rede, den zweiten aber in indirekter Rede wiederzugeben *(Des-
halb müssten ...)*. Aus dem Schneider ist, wer den letzten Satz als
Wiederholung empfindet und weglässt.

Fair

Der Medienwechsel erfordert vom Bearbeiter inhaltliches Verständnis, vor allem aber Fairness. Man kann nicht erwarten,

dass der Sportler, der am Rand des Spielfeldes interviewt wird, sich sofort auf den Medienwechsel einstellt. Er wird auch zum Reporter so sprechen, wie er auf dem Spielfeld spricht. Es ist ein Gebot der Fairness, krasse Unfeinheiten zu mildern. Der Sportler selbst würde ja auch anders formulieren, wenn ihm der offizielle Charakter der Redesituation bewusst wäre. Oft wird es deshalb nötig, eine Äußerung zu korrigieren, damit sie angemessen und verständlich vermittelt wird.

Oft erkennt man die Ungereimtheiten erst, wenn das Gespräch mitgeschnitten und niedergeschrieben wird. Gerade dies kann ein Hinweis sein, dass der genaue Wortlaut vom eigentlich Gemeinten abweicht. Die Fairness verlangt, dass in der schriftlichen Form die fehlende Logik wiederhergestellt wird.

Etwas anderes ist es allerdings, wenn die Ungereimtheiten für die betreffende Person oder Institution aussagekräftig sind (etwa für den Fußballer Paul Gascoigne, der sagt: »Ich mache keine Vorhersagen und werde es nie tun.«) Sie müssen dann in der Berichterstattung auch kommentiert werden.

Glaubhaft

Es ist paradox: Zwar bemüht man sich darum, das gesprochene Zitat an das geschriebenen Medium anzupassen. Aber dennoch sollte man ihm anmerken, dass es einmal mündlich war. Es muss deshalb oft auch in dieser Hinsicht bearbeitet werden, so dass es sich mündlicher liest, als es einmal war.

Gute gesprochene Sprache ist portioniert, verbal, aktiv. Viele Interviewpartner antworten leider mit langen und komplizierten Sätzen, die schon den Charakter des Geschriebenen haben. Da muss im Artikel das Mündliche zusätzlich angedeutet werden – durch eine einfachere Satzstruktur und durch klare Portionen, die nicht zu viel auf einmal leisten sollen.

Hinzu kommt die Rhetorik des Berichts. Zitate funktionieren am besten, wenn sie eine einzige Hauptaussage haben. Viele längere Statements zerfallen aber in mehrere Schritte, die sich nur schwer einbauen lassen. Deshalb müssen sie bei der Einbettung aufgegliedert werden. Oft geht dies sehr einfach, wie im folgenden Beispiel.

Bild am Sonntag (23.3.2008) interviewt den Münchner Erzbischof Reinhard Marx. Weil das Interview am Ostersonntag publiziert wird, freuen sich alle Internet-Zeitungen über diesen Gratis-Stoff, der Passagen wie die folgende liefert:

> [Frage:] Viele Menschen haben den Eindruck: Im Vergleich zur Rendite ist [für Manager] alles andere nichts. Stimmt das?
> Marx: Schuld sind auch die Strukturen. Die Aufsichtsräte setzen die ökonomischen Anreize für die Erfolgsbeteiligung so, dass die Manager nur auf die Börsennotierung und die vierteljährliche Kapitalrendite achten. Alle anderen Dinge werden dann unwichtig. Das ist doch keine unternehmerische Verantwortung! Wir können die Akteure nicht von der persönlichen Moral dispensieren. Und da kommen wir zum Kern: Führungskräfte in Unternehmen, auch in der Politik und natürlich in der Kirche, müssen Vorbilder sein.

Focus.de übernimmt die Antwort in den Bericht, aber abgespeckt und aufgeteilt. Das Resultat enthält Redebericht, indirekte Rede und direkte Zitate:

> Marx forderte eine moralische Vorbildfunktion von Managern. Die Aufsichtsräte setzten die ökonomischen Anreize für die Erfolgsbeteiligung so, dass die Manager nur auf die Börsennotierung und die vierteljährliche Kapitalrendite achteten. »Alle anderen Dinge werden dann unwichtig. Das ist doch keine unternehmerische Verantwortung!«, rügte Marx. »Wir können die Akteure nicht von der persönlichen

> Moral dispensieren. Und da kommen wir zum Kern: Füh-
> rungskräfte in Unternehmen, auch in der Politik und natür-
> lich in der Kirche, müssen Vorbilder sein«, sagte er.

Wichtig sind auch Einschübe wie:... *rügte Marx,* weil sie eine
klare Trennlinie ziehen. Sie unterstreichen, dass eine These zu
Ende ist und die Argumentation folgt.

Allerdings ließe sich das letzte Zitat noch weiter aufteilen. Da
übernimmt ja der Erzbischof eine moderierende Funktion. Er
weist den Gesprächspartner darauf hin, dass er jetzt zu einer für
ihn wichtigen Schlussfolgerung, *zum Kern,* kommt. Dies ginge
im Bericht auch so:

> »... Wir können die Akteure nicht von der persönlichen
> Moral dispensieren.« Und er forderte: »Führungskräfte in
> Unternehmen, auch in der Politik und natürlich in der Kirche,
> müssen Vorbilder sein.«

Einbettung

Die Beispiele haben gezeigt, dass sich beim Zitieren nicht nur das
Medium und mit ihm die Sprachform ändert. Auch der Zusammenhang ist im Text ein völlig anderer. Was zuerst vielleicht Teil
einer längeren Stellungnahme war, wird jetzt zu einem kurzen,
prägnanten Statement. Im journalistischen Bericht bekommt es
einen neuen Zusammenhang. Zudem wird es meist mit anderen
Zitaten kontrastiert, die aus anderen Bereichen stammen.

Dadurch bekommt die Aussage auf jeden Fall ganz anderes
Gewicht als im ursprünglichen Kontext. Sie muss so eingebaut
werden, dass es der Absicht des Zitierten ebenso entspricht wie
der Logik des Textes.

Dies beginnt schon beim Aussageverb, das das Zitat einleitet.

> 30 % der Ärzte trinken zu viel Alkohol

behauptet laut *Bild (1.2.2008)* ein Arzt, der es wissen muss. So steht es in der Überschrift. Der Text selbst klingt differenzierter:

> Von den rund 300 000 Ärzten in Deutschland sollen 6 bis 7 Prozent suchtkrank sein (Zahl von 2003). Experten schätzen die Dunkelziffer allerdings viel höher ein. Rolf Bollmann (67), Gründer des Faba (Förderverein zur Aufklärung und Beratung von Alkoholkranken und Angehörigen, www.faba.de), sagt: »Etwa 20 bis 30 Prozent der Ärzte betreiben Alkoholmissbrauch, die Hälfte davon ist chronisch abhängig.«
>
> Der angesehene Suchtberater (selbst seit 16 Jahren trockener Alkoholiker) nennt fünf Risiko-Berufsgruppen (s. Kasten). Auf Platz 1: Die Ärzte. Bollmann: »Ich nenne sie Elite-Alkoholiker.«

Gesetzt den Fall, dass die Aufrundung auf 30 Prozent in Ordnung wäre (ist es ja eigentlich nicht): Mit welchem Verb sollte dies im Titel eingeleitet werden? Hier ein paar Varianten:

> Experte sagt: 30 % der Ärzte trinken zu viel Alkohol
> Experte behauptet: 30 % der Ärzte trinken zu viel Alkohol
> Experte befürchtet: 30 % der Ärzte trinken zu viel Alkohol
> Experte klagt: 30 % der Ärzte trinken zu viel Alkohol
> Experte weiß: 30 % der Ärzte trinken zu viel Alkohol
> Experte vermutet: 30 % der Ärzte trinken zu viel Alkohol

Die Frage nach dem Verb ist die Frage nach der Handlungsform. Was tut Bollmann, wenn er sagt: *Etwa 20 bis 30 Prozent der Ärzte betreiben Alkoholmissbrauch?* Verweist er auf eine Untersuchung oder schätzt er die Zahl nur? Natürlich gehört zur guten Interviewführung, dass man sofort nachfragt, woher die Zahl stammt. Wenn dabei herauskommt, dass er keine Belege für die Zahl hat (und das scheint auch *Bild* so zu sehen), ist *vermutet* am Platz. Nur lässt sich damit auf der Frontseite kein Staat machen. *Bild* schrieb deshalb *behauptet,* was die Aussage deutlich als subjektiv kennzeichnet und wodurch sich die Zeitung sogar noch mehr vom *Experten* distanziert als innerhalb des Textes.

Die redekommentierenden Verben zeigen also nicht einfach an, was die zitierte Person tut, sondern auch, wie der Kommunikator zu deren Aussage steht. Mit jedem Zitat positioniert man sich zum Akteur, zumindest wenn man auf ein einfaches *Sagen* verzichtet (was oft nicht die schlechteste Variante ist).

Möglich ist immer auch die Version ohne Verb:

> Bollmann: 30 Prozent der Ärzte trinken zu viel Alkohol

Das beschleunigt das Tempo, lässt die Interpretation des Zitates aber offen. In längeren Texten ist es häufig die eleganteste Lösung. Da können Zitate in eine allgemeine szenische Schilderung eingebaut werden, die dann als Einbettung reicht – zum Beispiel im folgenden Ausschnitt aus einer Reportage über das *Schafezüchten im Zeitalter der Globalisierung (Wochenzeitung, 27.4.2006):*

> Christian Pothoven [...] ist fasziniert vom Wandern mit den Schafen. »Es ist ein Leben wie vor tausenden von Jahren. Man ist stundenlang einfach da, beobachtet die Tiere und lernt ihr Verhalten immer besser kennen. Die Freude am Beobachten ist wichtig, sonst bist du bei dieser Arbeit fehl am Platz.« Jeweils zu zweit ziehen sie mit den Schafen, wechseln sich manchmal auch ab. Das Gepäck trägt ein Esel. »Mich nahm es wunder, ob es möglich ist, auch im Winter draußen zu leben – und es ist ganz gut möglich.«

Die Situation wird auch ohne redekommentierendes Verb klar: Die Journalistin begleitet den Schäfer zumindest verbal. Sie erzählen im Wechsel; die Reporterin beschreibt, der Schäfer kommentiert. Es entsteht ein ruhiger, harmonischer Text.

5   Einladend schreiben

Als Cord Schnibben für die *Zeit* in das Schulhaus zurückkehrte, in dem er neun Jahre lang Gymnasiast gewesen war, wurde er auf viele Arten mit seiner Vergangenheit konfrontiert. Für den Anfang seiner Reportage wählte er deshalb ein einziges Wort, das nicht nur in ihm, sondern auch in vielen Leserinnen und Lesern Schul-Assoziationen weckte. Er schrieb:

> Bohnerwachs. Es riecht immer noch nach Bohnerwachs im Gymnasium am Barkhof. *(Die Zeit 17/1986)*

Ein so unter die Haut gehender Anfang gelingt nur dem, der mit allen Sinnen auf Recherche war, der nicht nur hingehört und hingesehen, sondern auch hingerochen hat.

Sprachlicher Schmuck ergibt sich aus der hautnahen Begegnung. Das will dieses Beispiel sagen. Und dass er dann überzeugt, wenn er authentisch ist.

Schnibben hat diesen Anfang 1986 geschrieben. Er hat Bohnerwachs zwar nicht erfunden, aber der Einstieg war so originell, dass man aufmerkte. Heute, über 20 Jahre später, gibt es nur noch eine Empfehlung: Kein Bohnerwachs in den Text!

Auf Schritt und Tritt begegnet einem der Geruch in Reportagen und Berichten über Schulen, über Ämter, über alte Zöpfe ... Wer es nicht glaubt, gebe in eine Internet-Suchmaschine die Begriffe *Bohnerwachs* und *riecht* ein und findet sogleich Dutzende von Texten, in denen Muffigkeit und Rückständigkeit auf den Geruch von Bohnerwachs reduziert werden. Sogar ein Schweizer Bericht über die heimische Fluggesellschaft ist überschrieben mit: *Die Swiss riecht nach Bohnerwachs* (K-Tipp 20/2002). Und dies, obwohl es den Ausdruck im schweizerischen Deutsch gar nicht gibt ...

Gerade wer stilistisch anspruchsvollere Berichte oder Reportagen verfasst, sollte seine Formulierungen auf ihre Originalität überprüfen. Dies geht leicht, indem man nach dem betreffenden String googelt. Ein Zeichen für eher abgenutzte Formulierungen ist es, wenn ein Dutzend oder mehr verschiedene Textstellen den Ausdruck aufführen. Dies funktioniert zum Beispiel bei:

- Quietschend öffnet sich die Tür.
- … und zieht genüsslich an seiner Pfeife.
- … verträumt vor sich hin – dies in Kombination mit allen möglichen und unmöglichen Verben. Vom zu erwartenden blicken über summen, murmeln und plätschern bis zu blühen (über ein Musikstück), schnattern (ein Schwan) und flosseln (Fische an der malaysischen Küste).

Sprachliche Effekte lassen sich nicht kopieren. Sie nutzen sich zu schnell ab. Deshalb lassen sie sich auch nicht so leicht lehren. Aber es gibt gute und unterhaltsame Bücher und Kurse für kreatives Schreiben. Auf sie wird in der Literaturliste hingewiesen.

Zum Lesen motivieren: Vorspann & Co

Attraktiv schreiben bedeutet: motivierend schreiben. Das ist überall wichtig. Aber entscheidend ist es da, wo ein Einstieg in den Text ermöglicht werden muss.

Die sprachlichen Formen der Präsentation sind in den vergangenen Jahrzehnten wichtiger geworden als je zuvor: Überschrift, Lead, Anreißer, Bildunterschrift …

Alle diese Textstücke sprechen den Leser an, bevor er in den Text einsteigt – oder sie motivieren ihn während des Lesens (zum Beispiel Zwischenüberschriften).

Sie haben drei verschiedene Funktionen:

1. Moderieren. Moderierende Textstücke führen inhaltlich an einen Text heran, schaffen den Einstieg und manche bilden auch einen Abschluss, indem sie an den eigentlichen Schluss eine Ergänzung anfügen.

2. Werben. Werbende Textstücke (z. B. Überschriften) sind gleichsam Etiketten. Sie benennen den Text, müssen aber, ähnlich wie Produktetiketten im Laden, gleichzeitig noch mehr leisten: gefällige Präsentation und ausreichende Information. Wichtig ist zudem, dass sie deutlich machen: Hier fängt's an. Sie gliedern also auch die Seite oder, als Zwischenüberschrift, den Artikel.

3. Verbinden. Verbindende Textstücke verweisen auf andere Texte bzw. verknüpfen verschiedene Elemente miteinander. Ein Beispiel ist die Bildunterschrift: Weil der Leser voraussichtlich das Bild als Erstes betrachtet, steht gleich darunter ein kurzer Text. Dieser bezieht sich im ersten Teil aufs Bild und weist im zweiten auf den Inhalt des Artikels hin, den der Leser jetzt bitteschön als Nächstes lesen soll.

Zum Lesen verführen: die Kunst des Anmoderierens

Eine Anmoderation packt den Leser gleich zu Beginn und führt ihn ohne Umschweife zum Textanfang. Im Radio oder im Fernsehen folgt sie meist auf ganz andere Programmteile – auf Musik, ein Trennsignet oder einen vorangegangenen Beitrag. Im Printmedium entspricht der Anmoderation der Vorspann oder Lead: wenige Sätze in größerer oder fetter Schrift. Zwar steht darüber noch die Überschrift; aber man geht fast immer davon aus, dass es ein Neuanfang ist – wie im Übrigen auch der Textanfang nach dem Vorspann. Oft ist es sogar verwirrend, wenn der Vorspann nahtlos an die Überschrift anknüpft.

Den Leser packen und ohne Umschweife zum Text führen: Dazu sind nicht mehr als zwei Schritte nötig – zwei oder drei kurze Sätze, zum Beispiel die folgenden:

> Sarkozy war schneller: Er heiratete bereits drei Monate nach der Scheidung von seiner Frau. Diese zieht jetzt nach.
>
> Einmal die Woche haben sie frei, um zu forschen: Elftklässler denken sich Einsatzpläne für die Feuerwehr aus oder einen Öko-Ofen für die Dritte Welt – und räumen mit ihren Ideen ständig Preise ab.
>
> Der Fuciner See war der größte See Mittelitaliens – bis er vor mehr als hundert Jahren trockengelegt wurde.

Alle drei Beispiele stammen von *Spiegel online (22.3.2008)*. Sie haben alle eine ganz ähnliche Struktur: Der erste Teil nennt das Thema, und zwar auf möglichst konkreter Ebene. Der zweite Teil führt in den Text, indem er die Hauptaussage anspricht, aber dennoch eine Frage offenlässt. Dies ist oft die ganz einfache Frage: »Wie machen die das?«

Manchmal ist dem ersten Satz eine ganz kurzer, schlagzeilenartiger Satz vorangestellt: *Sarkozy war schneller.* – Dieser hier ist zwar nicht auf Anhieb verständlich. Aber weil er aus nur drei Wörtern besteht und der Doppelpunkt gleich die Auflösung verspricht, eignet er sich trotzdem.

Alle diese Beispiele waren im Original übrigens länger. Ich habe zum Teil den Schluss, zum Teil Überflüssiges in der Mitte gestrichen. Das ist beinahe als Routinehandlung zu empfehlen: Jeder Vorspann, jede Anmoderation ist in der ersten Fassung zu lang. Und meist gibt es auch zu viele Schlusssätze.

Streichen ist notwendig, wenn die lineare Hinführung gefährdet ist. Als Beispiel der Bericht vom Fuciner See. Er lautete im Original so:

> Der Fuciner See war der größte See Mittelitaliens – bis er vor mehr als hundert Jahren trockengelegt wurde. Eine Aufnahme aus dem All zeigt, wie die einst von Wasser bedeckte Fläche heute genutzt wird: als fruchtbarer Ackerboden.

Dass ein großer Binnensee trockengelegt worden ist (der größte von ganz Mittelitalien – und ich habe noch nie davon gehört!), reicht meines Erachtens aus, um den Leser neugierig zu machen. Die *Aufnahme aus dem All* ist zwar spektakulär, aber da sie erst viel weiter unten auf der Seite zu finden ist, verwirrt ihre Nennung im Vorspann. Anders wäre es, wenn die Aufnahme selbst der Aufhänger wäre und der Text gleich darunter anschlösse. Dann könnte man so einsteigen:

> Obst- und Gemüsefelder dicht an dicht: Vor hundert Jahren war das ein See …

Auch fast jeder Vorspann kann verkürzt werden: Weniger als zwei Sätze sollten es dennoch nicht sein. Sonst ist die Spannung draußen. In einem einzigen Satz lässt sich kein Kontrast, kein Konflikt, kein Gegensatz aufbauen. Bei zwei Sätzen dagegen geht es viel besser.

Kurze Sätze und nichts Organisatorisches

Der Vorspann ist eine der wenigen Textformen, bei denen die Regel gilt: Kurze Sätze sind besser als lange. Denn der Vorspann dient der Orientierung. Oft wird er nur flüchtig gelesen. Wenn er stark portioniert ist, wird er besser erfasst.

Rein strukturelle, organisatorische Informationen gehören nicht in den Vorspann. Sie nehmen einfach zu viel Platz weg – besonders wenn sie alle am Anfang stehen:

Die Oberbürgermeisterin Gabriele Dönig-Poppensieker will die Planung für den Rathausplatz in Filderstadt-Sielmingen ... *(Stuttgarter Zeitung, 20.3.2008)*

Zusammen mit der Ortsmarke sind das auf der Zeitungsseite schon fast vier Zeilen, und man weiß immer noch nicht, was die gute Frau Dönig-Poppensieker denn eigentlich will. Sie will die Planung *neu aufrollen.* Das ist das Schlüsselwort. Aber in der guten Tradition der deutschen Sprache muss es halt am Ende des Satzes platziert werden. Die Chance, dass allzu viele Leser sich so weit vorankämpfen, ist gering.

Dabei geht es in dem Text um einen Konflikt zwischen der Oberbürgermeisterin und einem Teil des Gemeinderats. Genau das könnte der Vorspann sagen. Dann wäre die Nachricht auch für Nichteingeweihte interessant.

Organisatorisches gehört nicht in den Vorspann. Das meint: Daten, Zahlen, Veranstaltungsformen, nähere Berufs- und Ortsangaben.

Eigentlich sollte das Thema etwas hergeben: Ein mobiles Chemielabor kurvt vom bernischen Städtchen Roggwil aus durch die Schweiz und hält überall da, wo große Techno-Events abgehalten werden. Dort werden Drogen aufgespürt und analysiert. Aber die interessierte Leserin muss sich zuerst durch diesen Vorspann kämpfen:

Das Schweizer Kompetenzzentrum für Partydrogen liegt in Bern. Entstanden ist es in den Neunzigerjahren, als in Roggwil Mega-Techno-Partys über die Bühne gingen. Heute konzentriert sich die Szene auf den Raum Zürich. *(Der Bund, 22.4.2008)*

Ortsnamen, Zeiten, Themen: Das macht nicht neugierig. Die Fragen sind doch eher: Wie kommen die Laboranten an den Stoff? Was nutzen sie ihre »Kompetenz«? Warum sitzen sie bei Bern, wenn sich die Szene auf Zürich konzentriert?

Müssen aus redaktionellen Gründen doch organisatorische Details in den Vorspann (etwa ein genaues Datum), dann gibt es nur eine Rettung: einpacken. Man bringt das Organisatorische in die Mitte des Vorspanns, so dass er mit einem attraktiven Satz beginnt und endet

Dass eine Partei eine Sektion gegründet hat, klingt ziemlich öde. Dass sie den stadtbekannten Aktivisten Daniel K. in den Gemeinderat bringen will, ist schon besser. Dass das einen Konflikt provoziert, ist die eigentliche Nachricht. – Also gehört dies an den Schluss und Daniel K. an den Anfang. Die Gründung der Sektion, um die man nicht herumkommt, wird in die Mitte gepackt:

> Daniel Klauser soll Gemeinderat werden. Mit seiner Kandidatur wollen die Jungen Grünen bekannt werden. Sie haben gestern eine Stadtberner Sektion gegründet – und alle anderen Jungparteien verärgert. *(Der Bund, 22.4.2008)*

Weil sich beim Vorspann oft entscheidet, ob der Text gelesen wird oder nicht, folgt hier eine kleine Übung im Zuspitzen.

Anmoderationen bearbeiten: Test 4

Die folgenden Anmoderationen sind alle attraktiv, weil sie Fragen wecken, die im Text beantwortet werden. Aber sie sind alle eine Spur länger oder umständlicher als notwendig geraten. Bearbeiten Sie sie so, dass sie noch etwas attraktiver geraten:

1. Im Irak gibt es bald keine Christen mehr
Im Jahr 600 war das Zweistromland ein christianisiertes Gebiet, und noch vor fünf Jahren war jeder 20. Iraker ein Christ. Doch der Irak-Krieg der USA hat die Christen zur Zielscheibe islamischer Extremisten und zu Flüchtlingen gemacht. *(Der Landbote, 22.3.2008)*

2. Die Unbeugsamen
Es ist eine Zeit des Umfallens: Kurt Beck und Andrea Ypsilanti haben Wortbruch begangen. Auch Angela Merkel macht eine ganz andere Politik, als sie angekündigt hat. Doch es gibt auch Politiker, die immer bei ihrer Position bleiben. Ist das sinnvoll? *(Spiegel 13/2008)*

3. Zurück zur Scharia oder vorwärts zu einem zeitgemäßen Islam?
– Ein Gespräch mit der tunesischen Religionswissenschaftlerin Amel Grami –
Tunesien war in puncto Frauenrechte eines der fortschrittlichsten Länder der arabisch-islamischen Welt. Doch auch dort finden neokonservative und islamistische Ideen besonders unter jungen Frauen zunehmend Gehör. Wieso? Beat Stauffer sprach darüber mit der Religionswissenschaftlerin Amel Grami; sie ist eine der prominentesten Stimmen im Maghreb, die eine zeitgemäße Lektüre des Korans fordern und sich für Glaubensfreiheit im Islam einsetzen. *(NZZ, 21.1.2008)*

Im Anhang finden Sie Lösungsvorschläge.

Der Einstieg

Nach dem Vorspann beginnt der Text. Bei einigen Zeitungen und Zeitschriften ist es üblich, dass er den Vorspann einfach weiterführt. Aber das sind Ausnahmen. Meist setzt er völlig neu ein. Wir nennen diese ersten Sätze Einstieg. Zwar ist der letzte

Satz des Vorspanns auf den ersten des Textes abgestimmt. Aber weil man den Vorspann zuletzt schreibt, passt sich dieser an den Einstieg an, nicht umgekehrt.

Unverwechselbar, direkt

Am einfachsten ist es bei einer Nachrichtenmeldung: Da nennt der erste Satz das Ereignis. In allen anderen Fällen kann der Einstieg freier gestaltet werden. Immer aber gilt: Er muss typisch sein für den ganzen Text. Er lässt das Thema anklingen – ob in einem kleinen Detail oder in einer Behauptung, die aufhorchen lässt.

In vielen Texttypen ist es eine Nahaufnahme. Sie wird einer allfälligen allgemeinen Einleitung vorangestellt, weil Konkretes stärker fesselt als Abstraktes. Zum Beispiel hier:

> Die Haut spannt sich straff wie Leder über die Knochen, reißt hie und da ab. An der Brust hat die Zeit ein großes, an den Rändern zerfasertes Loch gefressen. In der rechten Hüfte sind kleine Löcher zu sehen, wie in einer wurmstichigen Antiquität. So riecht sie auch, nach Leder und Harz, nicht unangenehm. *(Focus.de, 6.10.2007)*

Das ist der Anfang eines Hinweises auf eine Ausstellung. Wenn man dank der Überschrift zur Kenntnis genommen hat, dass es um Mumien geht, ist die Faszination (oder auch ein Unbehagen) gesichert. Danach kann es weitergehen: Die Mumie wird näher beschrieben; ein weiterer Abschnitt bringt die Daten über die Ausstellung. Das ist alles, aber es reicht.

Der folgende Einstieg ist eine ungewöhnliche Wegbeschreibung:

> An der Erde vorbei, durchs Universum und dann rechts abbiegen zu den Tieren. So verabredet man im Berliner Museum für Naturkunde einen Treffpunkt. *(Süddeutsche Zeitung, 20.3.2008)*

Nach diesen zwei Sätzen kann das Treffen mit dem Museumsleiter beginnen. Die Aufmerksamkeit ist geweckt.

Keine Phrasen

Der treffende Einstieg ist unverwechselbar. Er sagt Neues oder er sagt Bekanntes auf neue Art. Was nicht funktioniert, sind altbekannte Phrasen. Bekannte Sprichwörter und Redensarten werden oft eingesetzt, weil viele Journalisten glauben: Was alle kennen, wird jeden ansprechen:

> Wunder gibt es immer wieder: ...
> Alle Jahre wieder ...
> Wer hat nicht schon mal ...?

Und so weiter. Aber was wir schon hunderte von Malen gehört haben, hat uns abgestumpft. Es sind leere Phrasen geworden; sie können uns nicht mehr überraschen. Das Thema des Textes ist das Neue. Deshalb sollte er damit anfangen. Also nicht:

> Wer hat nicht schon einmal überlegt, ob er zu dick oder zu dünn ist?

Sondern gleich:

> Er tätschelt seinen Bauch und lächelt gequält ...

Auf diese Weise kann man sich mit der Figur identifizieren oder sich auch von ihr distanzieren. Auf jeden Fall beginnt die Geschichte mit einem Bild und nicht mit einer philosophischen Frage.

Formale Tipps

Ist der erste Satz kurz, ist die Chance größer, dass man den zweiten auch noch liest. Nirgends in diesem Buch wird für kurze Sätze geworben, außer beim Portionieren und dann, wenn es um exponierte Stellen geht – so wie eben hier. Der erste Satz muss nicht ultrakurz sein; aber je kürzer, desto besser.

Im Einstieg ist alles erlaubt, was den Text attraktiv macht: konkrete, aktive Sätze aus verständlichen Wörtern. Das knüpft an einen guten Vorspann an und führt in den Text.

Skepsis ist geboten gegenüber Zitaten. Ein Zitat als Einstieg weckt immer zwei Fragen zu viel: Wer hat das gesagt? Auf welche Frage wird geantwortet?

Beispiel: In einer Vorschau wird der Wiener Modepalast, eine Messe für österreichische und internationale Mode, vorgestellt. Sie wird sich im Programm leicht an die Fußball-Europameisterschaft anpassen:

»Hoffentlich nicht« lautet der Einstieg. Die Anführungszeichen zeigen: Es wird zitiert. Aber wer spricht da? Weder die Überschrift noch der Vorspann ermöglicht einen inhaltlichen Anschluss. So beginnt die Lektüre nicht mit einer Information, sondern mit einem Rätsel – und erst noch negativ formuliert. Auch die Fortsetzung bringt keine Auflösung:

> »Hoffentlich nicht«: Doppeltes Seufzen auf die Frage, ob
> sich beim »Modepalast« kommende Woche die EM wie ein
> rot-weiß-roter Faden durch die heimischen Kollektionen zie-
> hen wird. *(Die Presse, 11.4.2008)*

Nein, es wird auch jetzt noch nicht deutlich, wer da seufzt, und warum gleich doppelt. Viele Leserinnen und Leser werden hier schon ausgestiegen sein.

Ein Zitat zum Einstieg ist nicht rundweg verboten. Aber es muss schon sehr gelungen sein, damit die Leserin weiter liest: in der Form einfach, verständlich und ungewöhnlich, im Inhalt den Kern des Textes treffend.

Hinzu kommt die Frage des Rhythmus. Nicht jeder Text bietet schnelle Überblickinformation an wie eine solche Messe-Vorschau. Es gibt Geschichten, die zu beschaulichem Lesen einladen und ein einheitliches Thema versprechen. Dazu gehören Porträts oder auch Rezensionen und Berichte von Rede-Ereignissen, deren Gehalt ja sprachlich ist.

> »Rückblickend wirkt Punk«, sagt Simon Reynolds gleich am
> Anfang, »wie ein historischer Umweg.« *(spex, 11/2007)*

Dieses Zitat spricht alle *spex*-Leser an, die sich für das Thema Punk interessieren. Es führt einen Experten ein, der behauptet, den Überblick zu haben. Es verspricht zwar anspruchsvolle Lektüre; aber wenn der Artikel dies einlöst, warum nicht?

Kritisch ist auch der Einstieg über eine Frage. Sie signalisiert dem Leser: Ich spreche dich anders an als gewöhnlich; hier wird problematisiert. Das passt allenfalls bei Ratgebertexten. Sonst wird aber diese Ansprechhaltung gleich wieder aufgegeben. Und Einstiege, deren Kommunikationsform nicht durchgehalten werden können, enttäuschen.

Kauf mich: die Überschrift

Vor vielen Jahrhunderten brauchten Zeitungsartikel überhaupt keine Überschrift. Allenfalls stand da: *Von unserem Korrespondenten in Amsterdam,* und das war für den informierten Leser genug.

Später entwickelten sich die Überschriften zu längeren oder kürzeren Zusammenfassungen. Sie waren vielleicht nicht sehr attraktiv, aber dafür aussagekräftig. Im angelsächsischen Journalismus finden wir noch heute solch lange Überschriften, die für deutsche Augen umständlich wirken, aber ihr Zielpublikum merkwürdigerweise doch erreichen.

Im deutschsprachigen Journalismus muss die Überschrift viel leisten. Sie soll den Leser in Beschlag nehmen und ihn – wenn es sich um eine Kaufzeitung handelt – zum Kauf verführen. Bei Boulevardzeitungen wird besonders lang an der einen »Zeile« gefeilt, mit der die Zeitung am nächsten Tag am Kiosk präsentiert wird. Dabei entstehen aber auch schon mal Paradestücke wie *Wir sind Papst,* die haften bleiben und zumindest bis auf weiteres ins allgemeine deutsche Sprachgut übergehen.

Was eine gute Überschrift ist, hängt entscheidend davon ab, in welchem Medium und in welcher Untergattung der Text erscheint. Aber einige wenige Prinzipien gelten dennoch für die meisten Fälle.

Eine Aussage ist attraktiver als ein Begriff

Auch bei der Überschrift gilt: Bei Nachrichtenmeldungen ist der Spielraum gering. Je weiter sich der Texttyp von der Meldung entfernt, desto freier ist auch die Wahl der Überschrift.

Eine Meldung muss das Ereignis nennen, anders geht es nicht. Ein Bericht dagegen, besonders wenn er keine tagesaktuelle Botschaft enthält, kann über einen Nebenaspekt »verkauft« werden.

Wesentlich ist, dass die Überschrift dem Publikum mitteilt, was geschehen ist. Wenn sie nur sagt, worum es in etwa geht, wird's schon schwieriger.

Für die Form bedeutet dies: Die Überschrift enthält eine Botschaft in einem vollständigen Satz. Die *Stuttgarter Zeitung* vom 20.3.2008 sagt auf der ersten Seite:

> Karlsruhe bremst Datensammler

Sie berichtet unter diesem Titel über die so genannte Vorratsdatenspeicherung. Das Wortungetüm ist zu diesem Zeitpunkt in aller Munde. Jetzt hat das Bundesverfassungsgericht in Karlsruhe entschieden: Die Ermittlungsbehörden dürfen nicht ohne weiteres bei Telefonanbietern nachfragen, wer wann mit wem telefoniert hat. *Karlsruhe bremst Datensammler* – das sind drei Wörter, die zu diesem Zeitpunkt alles sagen.

Andere Überschriften auf der Seite lauten:

> Daimlerstadion wird umbenannt
> *(Es soll künftig Mercedes-Benz-Arena heißen.)*
> Von der Leyen will private Kitas fördern
> *(Die Familienministerin will ein Gesetz, das es erlaubt, auch solche Kindertagesstätten zu subventionieren, die privatwirtschaftlich arbeiten.)*
> Bush verteidigt den Krieg im Irak
> *(Jahrestag des Kriegsbeginns. Der scheidende US-Präsident hat im Pentagon den Sieg beschworen.)*

Dies alles sind Aussagen – ganze Sätze. Sie enthalten ein aktives Verb. Das ist für eine aktuelle Meldung notwendig – auch wenn manchmal das Verb hinzugedacht werden muss. (*Neuer Name für Daimlerstadion* enthält kein Verb, hat aber trotzdem Aussagecharakter.)

Die Überschrift muss (wie jeder ähnliche Text) anschlussfähig sein. Wenn der Kontext (ein Text, ein Bild, aber auch aktuelles Wissen) zur Hand ist, macht auch eine sehr knappe Überschrift keine Probleme:

> Die Mär vom neuen Krieg

Das ist der Titel des Kommentars auf der ersten Seite (unter der Spitzmarke: *Irak – Jahrestag eines Desasters*). Da der Text sofort als Kommentar zu erkennen ist, ist die Botschaft deutlich genug. Sie erinnert daran, dass einmal eine neue Art Krieg versprochen wurde – mit weniger Toten und von kurzer Dauer –, und sie sagt, dass das Versprechen eine *Mär* war, also falsch, unrealistisch, erfunden.

Neu ist besser als alt; eng ist besser als weit

Ein Text wird über die neuen Informationen verkauft. Auch wenn der Leser sich in bekannten Aussagen wiederfinden mag – eine allzu vertraute Aussage kann ihn davon abhalten, sich nochmals auf das Thema einzulassen. *P.M. (März 2008)* verspricht auf der Titelseite einen Beitrag zum Thema:

> Wie Träume uns die Welt erklären

Nett – aber irgendwie hat man das Gefühl, das schon allzu oft gehört zu haben. Man glaubt zu wissen, dass Träume ein Schlüssel sind zu – ja eben zur ganzen Welt. Und damit sagt der Titel nicht nur nichts, sondern er ist auch sehr weit.

Ganz im Gegensatz zur Überschrift im Innenteil der Zeitschrift. Da heißt es:

> Im Traum sind wir alle Kinder!

Das habe ich noch nie gehört. Das will ich wissen. Auch hier wird gesagt: Träume können etwas ganz Wichtiges. Aber es wird über eine unerwartete Information in unerwarteter Form gesagt. Im Traum, so wird die Leserin erfahren, verhält sie sich anders als in ihrem Erwachsenenleben. Sie findet *eine spielerische, assoziative Denkweise wieder, wie sie viele Erwachsene im Wachen längst verlernt haben.*

Eng ist besser als weit – das ist auch das Geheimnis der Regel von der Aussage im Titel: Eine Aussage ist bestimmt, sie präzisiert, während ein Ausdruck ohne (hinzugedachtes) Verb unbestimmt und unpräzise bleibt.

Ich bin der Meinung, dass dies auch zur Unattraktivität vieler Feuilleton-Seiten beiträgt. Im Feuilleton sind griffige, satzwertige Überschriften wie die folgenden selten:

> Jetzt spricht Cavemans Frau
> Was geschieht, geht mich an
> Erst Wasser, dann Sex

Diese hier stammen alle aus derselben Ausgabe der *Stuttgarter Zeitung.* (Darüber steht jeweils eine so genannte Dachzeile, die den Titel seinem Thema zuordnet.) Häufiger sind leider solche Überschriften:

> Der Fremde und sein Recht
> Der Zorn des Volkes
> Barock in Belgien

Leider stammen auch diese aus derselben Zeitung. Das sind eher Buchtitel. Sie gehören zu Abhandlungen, die man sich über Wochen hinweg immer wieder vornimmt. Das journalistische Medium dagegen sollte eine gut erzählte Geschichte versprechen, die hier und heute gelesen werden will.

Überschriften

- Aussagen, nicht reine Begriffe,
- das Konkrete in den Titel, das Allgemeine in die Unterzeile,
- Zitate nur, wenn sie sich sofort zuordnen lassen (z. B. Name in der Ober- oder Unterzeile, Bild),
- Aussagen statt Fragen.

Tipp

Fragen in der Überschrift sind oft kontraproduktiv. Von journalistischen Berichten werden Auskünfte erwartet. Eine Frage aber drückt aus, dass eine Sache *nicht* erklärt werden kann.

Populärwissenschaftliche Zeitschriften und Beilagen sind für Titel in Frageform besonders anfällig. Scheinbar holen sie das Publikum bei seiner Neugier ab. Aber in Wirklichkeit überfordern sie es oft, weil sie schon zu viel voraussetzen: nicht nur sämtliche verwendeten Begriffe, sondern auch das Verständnis dafür, was es zu fragen gibt.

Die Frage *Lösen die Forscher das Rätsel vom Tschekow-See?* spricht nur diejenigen an, die mit dem Namen etwas anfangen können – und sie weist klar in die Zukunft, sagt also auch: In diesem Text wirst du keine Antwort mehr finden.

Auf pfiffige Weise löst *National Geographic* das Problem der Frage im Titel. Ein Rabe (genauer: eine *Neukaledonienkrähe*) posiert auf dem Titelbild und schaut ein bisschen drein wie Leonardo da Vinci. Darüber ist als Haupttitel die Frage gelegt: *Können Tiere denken?* Gleich darunter wird aber eine Antwort versprochen, die direkt ins Heft führt: *Ja, sagt die Wissenschaft. Und wie!*

Das Geheimnis bei jeder Frage, die neugierig macht, ist also, dass sie zu erkennen gibt: Ich habe die Antwort. In diese Richtung geht sie. Jetzt lies weiter.

Vom Bild in den Text: die Bildunterschrift

Ein Bild ist in den meisten Fällen ein Magnet. Es zieht die Aufmerksamkeit auf sich. Der Leser oder die Leserin schaut zuerst aufs Bild und dann auf den Text, der das Bild erklärt. Dadurch wird dieser Text, die Bildunterschrift, zum Paradebeispiel motivierender Texte. Mit der Bildunterschrift haben Sie es in der Hand, die Aufmerksamkeit weiter zu lenken: in den Text hinein.

Die Bildunterschrift hat also zwei Teile: Der erste Teil bezieht sich noch auf das Bild, der zweite verweist in den Text. Dazu braucht es wenig Worte; aber die Zweigliedrigkeit sollte erhalten bleiben.

Typische Beispiele findet man bei Personen: Der erste Teil nennt den Namen des Abgebildeten, der zweite Teil eine Information, zu der im Text mehr zu erfahren sein wird:

> Lufthansa-Chef Wolfgang Mayrhuber: »Ich traue mir noch weitere Übernahmen zu.«

Im Text geht es um den abgeschlossenen Kauf der Fluggesellschaft *Swiss*. Das Bild zeigt einen zufriedenen Mayrhuber. Das Zitat passt gut zu seiner Miene und macht neugierig auf die Aussagen im Artikel.

Eine erweiterte Form ist diese hier:

> Lust auf mehr: Lufthansa-Chef Wolfgang Mayrhuber traut sich weitere Übernahmen zu. *(Financial Times Deutschland, 21.3.2008)*

Ein kurzer Einstieg (der sich auf den Gesichtsausdruck des Abgebildeten bezieht), dann hinter dem Doppelpunkt der Name, eingebaut in einen Satz, der im Text indirekt wieder aufgenommen wird.

Weniger effektiv sind Bildunterschriften, die nur den Text zusammenfassen und nicht weiterführen – etwa die folgende:

> Mit der Geduld am Ende: Exil-Tibeter stürmten die chinesische Botschaft in Neu-Delhi. *(Welt.de, 22.3.2008)*

Dass die Botschaft gestürmt wurde, ist die Nachricht. Wenn die Bildunterschrift nicht mehr sagt, weckt sie keine weiteren Fragen. Deshalb wäre hier eine Ergänzung nützlich, die etwas Neues aus dem Text aufnimmt:

> Mit der Geduld am Ende: Exil-Tibeter stürmten die chinesische Botschaft in Neu-Delhi. Dem Dalai-Lama erteilten sie eine Absage.

Damit wird eine Spannung zwischen den Demonstranten und dem Dalai Lama aufgebaut, und die Bildunterschrift weist in den Text.

Das soll in die Bildunterschrift

Jedes Bild enthält Tausende von Interpretationsangeboten. Die Bildunterschrift muss es einengen. Deshalb beantwortet sie immer die wichtigsten journalistischen Fragen: Wer ist zu sehen? Was tut er oder sie gerade? Und wenn es nicht aus dem Kontext hervorgeht: Wann und wo ist das Bild entstanden?

Diese Informationen sind viel wichtiger als alle subjektiven Ergänzungen, psychologisierenden Beschreibungen oder gar eine Menge von Zusatzinformationen, die im Vorspann keinen Platz mehr gefunden haben.

Sind Menschen zu sehen, sollten sie immer beim Namen genannt werden – zumindest wenn sie aus dem eigenen Land stammen. Wenn in einer Lokalzeitung BürgerInnen der eigenen Stadt abgebildet werden, ist dies eine der wichtigsten Chancen zur Leserbindung; die Nennung von Vor- und Familiennamen ist da Pflicht.

6   Verständlich und attraktiv

Im privaten Alltag erledigen sich Verständlichkeitsprobleme sehr schnell. Dass man sein Gegenüber nicht versteht, kommt laufend vor, aber ebenso die Klärung im Dialog: Wer etwas nicht versteht, fragt nach.

In der öffentlichen Kommunikation dagegen geht dies nicht. Denn hier besteht der Dialog größtenteils aus der Abfolge einzelner Monologe. Ein journalistischer Text will als Ganzes zur Kenntnis genommen werden. Reaktionen sind erst später möglich. Deshalb liegt die Verantwortung dafür, dass der Text verstanden wird, bei der Journalistin beziehungsweise dem Journalisten.

Was macht einen Text verständlich?

Verständlich ist ein Text, der so gestaltet ist, dass der Hörer oder die Leserin nicht nachfragen muss. Wie schillernd aber der Begriff »Verständlichkeit« ist, zeigt sich am besten anhand eines Beispiels.

Mehr als nur Sprache

Dass jemand einen Text versteht, hängt von vielen sprachlichen Faktoren ab – und auch von einer Reihe nicht-sprachlicher Bedingungen.

Der folgende Text stammt aus einem Inserat in *Spektrum der Wissenschaft.* Er wirbt für ein Puzzle, dessen Verpackung abgebildet ist, so dass man das Bild erkennen kann, das zusammengesetzt werden muss: einen schwarzen Himmel mit mehrfarbigen Gasformationen. Darunter stehen die folgenden Erklärungen:

> Dieses Puzzle zeigt den Supernova-Überrest Cassiopeia A, die hellste Radioquelle am Himmel, aufgenommen mit dem Röntgensatelliten CHANDRA im Röntgenbereich (blau und grün), mit dem Weltraumteleskop HUBBLE im Optischen (gelb) und mit dem Weltraumteleskop SPITZER im mittleren Infrarot (rot). Im Optischen leuchten die Feldsterne und das von der Supernova-Explosion mit schweren Elementen angereicherte Gas, während die Emission im Infraroten die Verteilung des kühlen Staubes anzeigt. Der Überrest stammt von einer Supernovaexplosion, die sich – von den Menschen unbemerkt – vor 325 Jahren ereignete und einen Neutronenstern hinterließ. Puzzeln macht Spaß und trainiert außerdem Gedächtnis, Orientierungs- und Denkvermögen. (*Spektrum der Wissenschaft 2/2007*, Inserat von *Science-Shop.de*).

Erstaunlich an diesem Text ist nicht, was man alles nicht versteht. Erstaunlich ist, wie viel man trotz fehlenden Hintergrundwissens dennoch mitbekommt.

Wörter

Viele der verwendeten Wörter sind nicht gerade sehr bekannt. Wer hat schon von *CHANDRA* gehört, geschweige denn von *SPITZER?* Vielleicht erinnert man sich vage daran, was eine Supernova ist – aber *Feldsterne?*

Puzzeln macht Spaß ... – da bewegen wir uns wieder auf sicherem Terrain. Aber einige der vorangegangenen Feinheiten übersteigen den Horizont von astronomisch unbelasteten Lesern.

Dennoch: Auch eine nur vage Vorstellung von den astrophysischen Zusammenhängen reicht aus, um die Schönheit der Abbildung zu schätzen und die Menschen zu bedauern, die im 17. Jahrhundert ein einmaliges Schauspiel verpasst haben.

Handlungsziel

Das Verständnis spielt sich nicht nur auf dieser sprachlich-inhaltlichen Ebene ab. Es gibt daneben noch eine funktionale Ebene: die Zielsetzung des Textes. Und diese ist auch einem Laien von Anfang an klar: Der Leser soll nicht informiert werden, er soll ein Produkt bestellen. Damit ist das Wichtigste erreicht – Klarheit über die beabsichtigte Handlung. Der Text kann sein Ziel auch erreichen, ohne dass alle Begriffe verstanden werden.

Der weitere Zusammenhang

Und es gibt die Ebene der kommunikativen Zusammenhänge. Wer spricht da? Und in welcher Beziehung steht er zur Zeitschrift, in der er spricht? Also: Wer ist *Science-Shop.de?* Was hat diese Firma mit *Spektrum der Wissenschaft* zu tun? Würde, wer das Puzzle kauft, ein Nebenprodukt des Zeitschriftenmarketings kaufen oder einen davon völlig unabhängigen Gegenstand? (In der Tat sagt *Science-Shop.de* im Impressum der Website: *Der Science-Shop gehört zur Spektrum der Wissenschaft Verlagsgesellschaft mbH in Heidelberg.*)

Damit sind fünf Aspekte des Verstehens zusammengekommen:

- das optische Erkennen und Dekodieren der Buchstaben (es sind kleine Buchstaben, ich musste meine Lesebrille benutzen),
- das sprachliche Verstehen – vom argumentativen Aufbau über das Zusammenspiel der Sätze bis zu den einzelnen Wörtern,
- das inhaltliche Verstehen der angesprochenen Sachverhalte – den astronomischen, den historischen, den spieltechnischen,

- das pragmatische Verstehen der Handlungsform – also des Informierens und Werbens und
- das kontextuelle Verstehen der Kommunikationssituation, in der ich mich befinde, zu der zum Beispiel gehört, dass ich weiß, wer zu mir spricht.

Dieses Beispiel zeigt auch, dass das Verstehen vom Zielpublikum abhängig ist. Ein regelmäßiger *Spektrum*-Leser hat natürlich kaum Probleme mit diesem Inserat, und so ist es ja auch gedacht.

Faktoren der Verständlichkeit

Absolut »verständlich« oder »unverständlich« gibt es also nicht. Aber es gibt – für ein bestimmtes Publikum – sehr wohl »verständlichere« und »weniger verständliche« Texte.

Wer verständlicher schreiben will, stellt an seinen Text die folgenden Fragen:

- Wie umfangreich sind die Einheiten, die der Leser auf einmal verarbeiten muss?
- Wie einfach/wie kompliziert sind die Aussagen aufgebaut?
- Welchem Ordnungsprinzip gehorcht der Text?
- Ist das Ordnungsprinzip für den Leser erkenntlich?
- Werden wichtige Aussagen durch Wiederholung oder Hervorhebung verstärkt?
- Schaffen Mittel der graphischen und sprachlichen Attraktivität weitere Lese-Anreize?

Nach diesen Prinzipien ist ein Text – grob gesagt – dann verständlicher, wenn er einfach formuliert und gut gegliedert und zudem attraktiv gestaltet ist.

Das *Spektrum*-Beispiel hat aber gezeigt, dass eine Frage hinzukommt, die nicht so leicht zu beantworten ist: Was soll denn eigentlich verstanden werden?

Man muss einen Text nicht nur sprachlich verstehen, man muss auch den Sachverhalt verstehen. Und wer die Kommunikationssituation, in der er sich befindet, nicht versteht, täuscht sich oft.

Verständlichkeit ist eine graduelle Sache. Wie viel Verständnis denn eigentlich notwendig ist, lässt sich gar nicht so leicht klären. Viele Menschen lesen täglich eine Zeitung, die sie nicht zu 100 Prozent verstehen. Sie sind dennoch zufrieden und wechseln nicht zu einer anderen Zeitung, die keine Fragen offen ließe.

Wir setzen im Folgenden die Schwerpunkte auf zwei Bereiche: die sprachliche Gestaltung und den Umgang mit Sachwissen.

Informationsdichte reduzieren

Ein erster Satz kann einen erschlagen. Im schlimmsten Fall sind alle Informationen neu außer ein paar wenigen Begriffen. Zum Beispiel hier, im Anfang einer Reportage:

> Sarra Scharrar, sechste Frau von Jabir al-Ahmad al-Habir al-Sabah, der bis zu seinem Tod 2006 Staatschef von Kuwait war, entdeckte Gönül Paksoys Kaftane in der französischen Ausgabe der »Vogue« – und geriet in Shoppinglaune. *(Tages-Anzeiger, 4.4.2008)*

Der Satz ist – grammatikalisch gesehen – nicht besonders kompliziert. Aber jedes Wort bringt neue Information. Das bedeutet hohe Informationsdichte, und das ist ein Verständlichkeitsproblem.

Informationsdichte

Informationsdichte ist das Maß neuer Information pro Satz. Lange Sätze, die viel Neues sagen, sind in diesem Sinne dichter als kurze Sätze oder lange Sätze mit Wiederholungen.

Dies ist eine Definition für den Hausgebrauch. Korrekter wäre es eigentlich, Informationsdichte als Information pro Zeiteinheit zu messen. Aber den Satz als Grundlage zu nehmen, hat einen Vorteil: Jeder neue Satz erfordert von neuem einen vollständigen Aufbau (mit Subjekt und Prädikat). Damit ist ein gewisses Maß an Wiederholung garantiert und damit die Informationsdichte reduziert.

Definition

Die Reportage erzählt von Istanbul und den teuren Läden, zu denen auch die Boutique von Gönül Paksoy gehört. Der Text soll mit einer Episode beginnen, die mitten ins Thema führt. Die reiche Kundin wollte sich nämlich (so erfahren wir später) kurzerhand den ganzen Laden zuschicken lassen.

Daran hätte sich allerdings nichts geändert, wenn der Einstieg portioniert gewesen wäre, zum Beispiel so:

> Sarra Scharrar war in Shoppinglaune. Sie ist eine der Witwen von Jabir al-Ahmad al-Habir al-Sabah. Dieser war bis zu seinem Tod Staatschef von Kuwait. Er starb 2006 und hinterließ sechs Ehefrauen. Sarra Scharrar hatte in der »Vogue« die Kaftane von Gönul Paksoy entdeckt.

So ist die Informationsdichte (also das Maß an neuer Information pro Satz) reduziert. Es sind auch einige Wiederholungen eingebaut, die den Lesefluss erleichtern. Der Text ist redundanter geworden.

Redundanz

Ein Text enthält Redundanz, wenn ein und dieselbe Sache mehrfach gesagt wird. Dies kann zum Beispiel dadurch geschehen, dass ein wichtiger Begriff wiederholt oder eine allgemeine Aussage mit einem konkreten Beispiel illustriert wird.

In der gesprochenen Sprache sind einfache Wiederholungen besonders wichtig. In der geschriebenen Sprache kann man Redundanz auf phantasievollere Weise erzielen, zum Beispiel durch eine Erzählung, die eine abstrakte These unterstreicht.

Das Gegenteil von Redundanz ist Informationsdichte. Je dichter ein Satz, desto weniger redundant ist er – und umgekehrt.

Der Begriff stammt aus der Informationstheorie und hat dort eine engere Bedeutung. Linguisten weisen darauf hin, dass in der Sprache selbst Redundanzen eingebaut sind. Zum Beispiel drücken wir im Deutschen einfache grammatikalische Verhältnisse mehrfach aus: Im Satz *er geht* zeigt sowohl das Pronomen *er* als auch die Endung *–t* die 3. Person Singular an.

Definition

Ein harter Brocken bleibt die lange Passage über den verstorbenen Staatschef von Kuwait. Beim Umwandeln des Satzes ist es schwer, ihn so zu erwähnen, dass man nachher elegant zu Sarra Scharrar zurückkehren kann. Das ging mit dem Einschub im langen Satz leichter. Aber es ist durchaus richtig, dass wir durch das Portionieren auf dieses Problem stoßen. Es lässt uns zumindest darüber nachdenken, ob alle die Informationen wirklich notwendig sind oder ob der lange Name des Ehegatten und der Ausdruck *sechste Frau* nicht nur als Kuriosität eingebaut sind – als rassistische und frauenfeindliche Kuriosität, wie mir scheint.

Linear aufgebaute Sätze

Das ist ein kurzer Satz:

> McDonald's bringt seine Mitarbeiter zur Hochschulreife.

Das ist ein langer Satz:

> Aus purer Verzweiflung über das Schicksal analphabetischer Schulabgänger und den Mangel an qualifizierten Berufsleuten hat die britische Regierung jetzt der Hamburgerkette McDonald's das Recht eingeräumt, ihren intern ausgebildeten jungen Managern in Filialen mit bis zu 50 Angestellten und 2 Millionen Pfund Umsatz eigene Berufsmatur-Diplome auszustellen, die national anerkannt werden sollen. *(NZZ, 31.1.2008)*

Dieser Satz besteht aus 50 Wörtern und ist deshalb nicht besonders leicht lesbar. Aber er ist trotzdem nicht extrem schwierig (wenn man weiß, was eine »Berufsmatur« ist – ein Hochschulzugang über eine berufliche Ausbildung). Kompliziert aber ist erst folgender Satz:

> Die britische Regierung hat jetzt der Hamburgerkette McDonald's aus purer Verzweiflung über das Schicksal analphabetischer Schulabgänger und den Mangel an qualifizierten Berufsleuten das Recht eingeräumt, in Filialen, die nicht mehr als 50 Angestellte und 2 Millionen Pfund Umsatz haben, jungen Managern, die sie intern ausgebildet hat, eigene Berufsmatur-Diplome, die national anerkannt werden sollen, auszustellen.

Das ist korrektes Deutsch. Aber die Informationen sind nicht mehr linear angeordnet. Einzelne Teilsätze werden unterbrochen – durch Nebensätze (*Filialen, die ...*) und durch präpositionale Ausdrücke (*aus purer Verzweiflung ...*), so dass die wichtigsten Teile *(Regierung, McDonald's, Berufsmatur)* viel weiter über den ganzen Satz verteilt sind.

Lange Sätze sind also nicht immer gleich schwer verständlich. Es liegt vor allem an der Satzstruktur. Wenn die Informationen linear angeordnet sind, fällt das Verständnis leichter. Die erste »lange« Version (die Originalversion) hat das gezeigt.

»Linear« bedeutet, dass Hauptinformationen möglichst vor den Nebeninformationen kommen. Nebensätze sind meist unproblematisch, wenn sie angehängt sind, aber schwierig, wenn sie eingeschoben sind. Wer das weiß, kann auch leicht verständliche längere Sätze schreiben. Damit ist es möglich, in einem abwechslungsreichen Stil zu schreiben, mit langen und kurzen Sätzen.

Handlungsformen erkennen

Die Struktur eines Textes ergibt sich aus der Anordnung von Textteilen mit unterschiedlicher Funktion (z. B. Hauptaussage, Begründung, Quellenangabe, Illustration usw.). Von Satz zu Satz kann sich die Funktion ändern – dies muss dem Leser klargemacht werden. Als Beispiel ein Ausschnitt aus dem zitierten Fast-Food-Artikel:

1. Mit einem gefrorenen Lächeln und viel Zynismus (»McMatur«) haben die Briten und ihre Medien auf diesen Ausverkauf der Berufsmatur reagiert.
2. Da eine Lehrlingsausbildung oder kaufmännische Schulen, die diesen Namen verdienen, nicht existieren (oder nur als teure Privatinstitute),
3. begrüßten die »Times« und die »Financial Times« mit ihrem liberalen Credo diese produktive Diversifizierung lebhaft.

4. Andere befürchten möglicherweise fälschlich, dass solche Diplome außerhalb der Firma keinen Wert haben;
5. es ist auch McDonald's bekannt, dass ihre Diplomanden nach zwei Jahren bessere Jobs suchen werden –
6. dies vor allem angesichts der berüchtigten Niedriglöhne der Hamburgerkette.

Behauptung: Der erste Satz fasst die Reaktionen zum Ereignis zusammen. Es wird eine Behauptung oder These aufgestellt.

Illustration: Die Sätze 3 und 4 illustrieren diese Behauptung, indem auf Zeitungen und deren Reaktionen verwiesen wird.

Begründung: Satz 2 liefert vorneweg eine Begründung für die Reaktion der zwei namentlich genannten Zeitungen.

Kontrast: Die illustrierenden Sätze selbst haben unterschiedlichen Wert: Satz 3 nennt positive Reaktionen, Satz 4 negative.

Begründung: Satz 5 und 6 begründen wieder – diesmal aber nicht die wiedergegebenen Aussagen, sondern eine eigene: den Gebrauch des Wörtchens *fälschlich* in Satz 4.

Dieser ständige Wechsel der Handlungsformen kann einen Text kompliziert machen. Dar Leser muss gleichzeitig die einzelnen Funktionen verstehen (mitteilen, begründen, illustrieren, interpretieren, werten, zusammenfassen ...) und er muss erkennen, worauf sie sich beziehen.

Nur wer sich bewusst ist, welche Handlung er gerade ausführt, kann den Text klar aufbauen. Er wird sich um Linearität bemühen (z. B. die Behauptung zuerst und dann die Begründung) und um klare Verknüpfungen mit Konjunktionen und Demonstrativpronomina.

Hier ein Verbesserungsvorschlag für die zitierte Passage:

Mit einem gefrorenen Lächeln und viel Zynismus (»McMatur«) haben die Briten und ihre Medien auf diesen Ausverkauf der Berufsmatur reagiert.

Die »Times« und die »Financial Times« mit ihrem liberalen Credo begrüßten diese produktive Diversifizierung lebhaft. Sie verstehen sie als würdigen Ersatz für eine Lehrlingsausbildung oder kaufmännische Schulen.

Andere glauben, dass solche Diplome außerhalb der Firma keinen Wert haben. Dies ist allerdings kaum zu befürchten. Denn sogar McDonald's weiß, dass die Diplomanden nach zwei Jahren bessere Jobs suchen werden, in denen sie mehr bezahlt bekommen als die berüchtigten Niedriglöhne der Hamburgerkette.

In dieser Version habe ich einzelne Zusätze belassen, die der Autor in die Sätze eingeschoben hat – zum Beispiel im zweiten Abschnitt: *mit ihrem liberalen Credo.* Wenn man wie der Autor davon ausgeht, dass das für den Leser nicht neu ist, funktioniert das auch. Es ist ein kurzer Einschub, der zur Erinnerung dient und den Lesefluss nicht besonders stört. Er verdeutlicht: *Times* und *Financial Times* sind liberale Zeitungen, die sich immer wieder für die freie Marktwirtschaft stark machen.

Allerdings: Wenn man entsprechendes Vorwissen nicht voraussetzen kann, werden diese vier Wörter zum Stolperstein. Dann braucht die Information einen eigenen Satz und eine eigene Verknüpfung *(denn diese beiden Zeitungen haben ein liberales Credo und stehen immer auf der Seite der Marktwirtschaft).*

Übersicht gewinnen

Wer einen übersichtlichen, verständlichen Text herstellen will, muss zuerst einmal selbst die Übersicht gewinnen. Ansonsten kommt es rasch zu einer komplizierten Struktur, durch die sich der Leser durchkämpfen muss wie ein Schatzsucher durch den Dschungel. Etwa durch den folgenden Abschnitt des Fast-Food-Berichts:

> Die Regierung verstrickt sich dagegen in Widersprüche. Die Diplome von McDonald's passen schlecht zu ihrem Kreuzzug gegen das Fast Food, das die Briten immer übergewichtiger macht. In den Sekundarschulen wird der Kochkurs nun auch für Knaben obligatorisch, damit sie gesundes Essen kennenlernen, was in Großbritannien trotz unübersehbaren kulinarischen Fortschritten offenbar immer noch schwierig ist. Im Weiteren schließt die Regierung zu kleine Dorfschulen, will aber städtische Konfessionsschulen fördern, wovon heute vor allem islamische Schulen profitieren. Umgekehrt hat Premierminister Brown den pakistanischen Präsidenten Musharraf aufgefordert, mehr öffentliche Schulen zu bauen und die Koranschulen mit ihrem extremistischen Curriculum zu schließen.

Der Autor will hier Widersprüchliches aufdecken. Er sagt dies im ersten Satz und nennt danach zum Beweis Fakten, die nicht zusammenpassen.

Aber was alles nicht zusammenpasst, muss der Leser selbst herausfinden.

Wenn man versucht, das vom Autor als gegensätzlich Empfundene zusammenzustellen, sind dies die folgenden Behauptungen:

1. Die Regierung führt einen Kreuzzug gegen Fast Food, fördert aber McDonald's.
2. Großbritannien hat kulinarische Fortschritte gemacht. Aber gesund zu essen ist immer noch schwierig.

3. Die Regierung fördert städtische Konfessionsschulen, schließt aber kleine Dorfschulen.
4. Die Regierung fördert städtische Konfessionsschulen, davon profitieren aber vor allem islamische Schulen.
5. Die Regierung schließt Dorfschulen, fordert aber Pakistan auf, mehr öffentliche Schulen zu bauen.
6. Die Regierung fördert indirekt islamische Schulen, fordert aber Pakistan auf, Koranschulen zu schließen.

Auf diese Weise wird etwas deutlicher, worin der Autor die Widersprüche sieht. Vor allem bleiben auch Informationen übrig, die nicht zu einem Gegensatzpaar gehören (dass in Sekundarschulen gesundes Essen gefördert wird).

Jetzt, aufgrund dieser Aufstellung, könnte der Artikel neu geschrieben werden – nicht unbedingt in diesem holprigen Stil, aber in dieser Struktur, so dass beisammensteht, was zusammengehört.

Auf dem Weg zu jedem längeren Text stehen solche Listen, oder noch besser, graphisch angeordnete Stichworte. Das ist das Gegenteil wilden Drauflostippens. Auch wenn wenig Zeit vorhanden ist: Es klärt und schafft den Überblick.

Sachwissen selbst vermitteln, nicht voraussetzen

Zurück zu den Zeitungen mit ihrem *liberalen Credo:* Der Autor des Artikels lebt in England und hat die *Times* zusammen mit vielen anderen Zeitungen jeden Tag auf seinem Frühstückstisch. Er ist Journalist und die Medienwelt ist für ihn möglicherweise die Welt, in der er sich am besten auskennt. Das gilt nicht für seine Leserinnen und Leser.

Bei jedem neuen Thema muss er deshalb überprüfen, was er voraussetzen kann. Und der Sprung von McDonald's zur *Times* kann enorm sein – ein kleiner Schritt für einen Journalisten; aber ein Riesensatz für sein Publikum.

Deshalb seien hier ein paar Stolpersteine genannt. Es sind »strukturelle« Stolpersteine, also Typen von Schwierigkeiten, die auftauchen können. Nur solche allgemeinen Tipps machen Sinn. Zu sehr auf Einzelheiten herumzureiten widerspricht der Natur der Sprache. Es ist unsinnig, grundsätzlich vor Wörtern wie *produktive Diversifizierung* zu warnen; es findet sich immer ein Leser, der damit etwas anfangen kann. Aber das Prinzip muss genannt werden: Vorsicht bei Fachbegriffen, die als bekannt vorausgesetzt werden, und zwar vor allem in den folgenden Fällen:

1. Der Fachbegriff verweist auf Handlungsabläufe, die Insidern bekannt sind, Laien aber nicht. Solche festen Abläufe, so genannte *Scripts,* kennt jeder aus der eigenen Gruppensprache. Dies zeigt zum Beispiel der einfache Satz: *Ich kenne ihn durch studiVZ.* Wer nicht weiß, was *studiVZ* ist, dem hilft auch eine Worterklärung noch nicht. Man muss wissen, wie die Sache funktioniert, man muss die wichtigsten Abläufe kennen, dann wird man die Geschichte erahnen, die hinter dem Satz steckt.

2. Der Fachbegriff erklärt sich scheinbar selbst – weil es ihn auch in der Umgangssprache gibt oder weil er aus bekannten Fremdwörtern zusammengesetzt ist. Ein Beispiel ist: *Multitasking.* Der Begriff ist im Alltag oft zu hören. *Ich bin nicht multitaskingfähig* bedeutet: *Ich kann nicht zwei Dinge auf einmal tun.* In der Computerwelt dagegen bedeutet Multitasking nur die scheinbare Gleichzeitigkeit von Abläufen: Prozesse teilen Rechnerzeit so untereinander auf, dass sie parallel abzulaufen scheinen; in Wirklichkeit wechseln sie sich in rasanter Folge immer wieder ab.

3. Der Begriff stammt aus dem eigenen Fach. Da sind wir besonders anfällig. Viele journalistische Fachbegriffe eignet man sich im Lauf der Ausbildung und des späteren Berufslebens fast unbemerkt an. Das ist auch in jedem anderen Beruf so. Aber eine Journalistin, ein Journalist ist verpflichtet, in den Texten auch die eigene Arbeit zu thematisieren (die Recherche, die Zielsetzung, die Texte der Konkurrenz usw.). Dies ohne Fachausdrücke zu tun ist fast unmöglich. Sie müssen dem Zielpublikum deshalb erklärt werden – oder man ersetzt sie, wenn es geht, durch umgangssprachliche Formulierungen.

Rückblick: Test 5

»Verständlichkeit« ist ein schillernder Begriff. Was bedeutet er für Sie? Zeigen Sie es anhand eines kurzen Textausschnitts. Er enthält Hintergrundinformationen zu einem längeren Artikel, in dem verschiedene Methoden, embryonale Stammzellen herzustellen, diskutiert werden. Wenn der Text in Ihrer Tageszeitung erschiene – wo würden Sie die Verständnisprobleme sehen?

> Da viele Forscher die Reprogrammierung bis vor kurzem für unrealistisch hielten, untersuchte man auch andere Methoden, »ethisch unbedenkliche« embryonale Stammzellen zu gewinnen. So wurde die Gewinnung von Stammzellen aus Embryonen beschrieben, die bei der In-vitro-Fertilisation (IVF) nicht »übrig« geblieben (so genannte überzählige Embryonen), sondern wegen sichtbarer Defekte als minderwertig eingestuft und deshalb verworfen worden waren, also nie zu einem Menschen herangewachsen wären. *(NZZ, 26.3.2008)*

Es geht also nicht darum, den Text umzuformulieren, sondern darum, dass Sie sich überlegen, was Ihnen und anderen LeserInnen unklar sein könnte. Hinweise finden Sie im Anhang.

Verständlich und dennoch attraktiv

Texte, die attraktiv geschrieben sind, werden besser verstanden. Aber wann ist ein Satz attraktiv? – Wenn er genau passt und zugleich weiterführt. Mein Lieblingsbeispiel für einen Satz, auf den dies zutrifft, ist:

> Dein Reich komme.

aus dem Vaterunser in Luthers Übersetzung. Dieser Satz passt inhaltlich: Er fügt sich, als Bitte formuliert, zwischen *Dein Name werde geheiligt* und *Dein Wille geschehe auf Erden wie im Himmel* (so in der Fassung von 1545). Er passt auch grammatikalisch; es ist der gleiche Konjunktiv, der gleiche Satzbau.

Er führt weiter: Inhaltlich, indem er eine neue Bitte enthält, und formal, indem er sich ganz leicht abhebt von den beiden Nachbarsätzen: Er ist zwar gleich strukturiert, aber kürzer und verändert deshalb leicht den Rhythmus.

Der Satz *Dein Reich komme* enthält keine spektakulären stilistischen Überraschungen. Aber er erfüllt genau den Zweck, er passt und führt weiter. Ein Vertreter der klassischen Rhetorik würde dazu sagen: Er ist auf die ihn umgebenden Sätze abgestimmt *(aptum),* er ist verständlich *(perspicuitas),* er ist kunstvoll ausgestaltet *(ornatus)* und sprachrichtig formuliert *(latinitas).*

Und jetzt wenden wir das auf journalistische Prosa an. Um im Umfeld zu bleiben, nehmen wir den Vorspann zum Text *Das Gift, gegen das nur die Bibel hilft (P.M., April 2008).* Vor dem Hintergrund eines Fotos mit einem verführerisch schönen Blütenstand der Rizinuspflanze und einem ihrer harten Samen mit Tigermuster steht:

Rizin ist extrem giftig – und es hat das Potenzial zur Terrorwaffe.
Noch gibt es kein Gegengift – aber die Bibel hat Forscher jetzt auf die richtige Spur gebracht.

Im Text wird dann aus dem Buch Jona zitiert, in dem eine *Staude* erwähnt wird, die von einem Wurm gestochen wird, so dass sie verdorrt. *Sowohl Botaniker als auch Bibelwissenschaftler* identifizieren diese Pflanze heute *zweifelsfrei* als Rizinus, wie der Text erklärt. Grund ist angeblich die Raupe eines bestimmten Schmetterlings. Von ihr weiß man, dass sie sich unbeschadet von Rizinus ernährt (von den Blättern, nicht vom Samen).

Der Vorspann führt in wenigen Schritten zum Text: 1. Rizinus ist extrem giftig. 2. Es gibt bisher kein Gegengift. 3. Jetzt ist ein Gegengift in Sicht. – Attraktiv in unserem Sinn ist jeder der zitierten Sätze. Am überzeugendsten ist der mittlere: *Noch gibt es kein Gegengift.* Er füllt inhaltlich genau die Stelle aus, die zwischen 1 und 3 fehlen würde. Und formal – so wenig kunstvoll er auch scheinen mag – bringt er sehr geschickt einen Rhythmuswechsel zustande. *Noch gibt es kein Gegengift* ist die kürzestmögliche Formulierung. Wenn der Satz länger wäre, würde die Spannung weniger gut durchgehalten.

Und das Zitat aus dem Buch Jona? – Hier ist es. Jona hat soeben in Ninive gepredigt und alle Bewohner inklusive Herrscher dazu gebracht, Buße zu tun. Damit sind sie Gottes Strafe entkommen. Er wird Ninive nicht zerstören. So froh die Botschaft auch klingt – Jona wurmt sie. Er fühlt sich um die Erfüllung seiner Prophezeiung betrogen. Deshalb verlässt er Ninive und setzt sich in gebührender Distanz in die Wüste, um zu sehen, ob die Stadt vielleicht doch noch bestraft wird.

> Gott der Herr aber ließ eine Staude wachsen; die wuchs über Jona, dass sie Schatten gäbe seinem Haupt und ihm hülfe von seinem Unmut. Und Jona freute sich sehr über die Staude.
>
> Aber am Morgen, als die Morgenröte anbrach, ließ Gott einen Wurm kommen; der stach die Staude, dass sie verdorrte. *(Jona IV, 6)*

Als Beispiele für stilistische Attraktivität haben hier zwei ganz einfache Sätze gedient, die ohne jede Ausschmückung auskommen: *Dein Reich komme.* Und: *Noch gibt es kein Gegengift.*

Ist das alles? Wo bleibt denn der Schmuck, dem die klassische Rhetorik immerhin ihr umfangreichstes Kapitel widmet?

Sie sind in diesem Buch den einzelnen funktionalen Themen untergeordnet: dem Textaufbau, dem Einbau fremder Rede usw. Natürlich spricht nichts dagegen, nicht nur gut, sondern auch schön zu schreiben. Aber die Sprache soll nicht in erster Linie auf sich selbst verweisen. Sie soll den journalistischen Zweck erfüllen. Wie sie ihren Schmuck aus dem Thema, aus den recherchierten Informationen, aus dem Textziel gewinnt, haben die Kapitel 1 bis 5 gezeigt.

7 Die Körperlichkeit des Schreibens

Wer in der Öffentlichkeit *reden* muss, richtet sich auf und stellt sich hin: vor sein Publikum, vor das Radiomikrofon, vor die Kamera. Aufrechte Haltung und Gestik drücken aus, dass hier jemand mehr oder weniger offen auf andere zugeht und etwas zu geben hat.

Wer einen Text für die Öffentlichkeit *schreibt,* setzt sich. Mit gesenktem Blick konzentriert er oder sie sich auf Inhalt und Formulierung. Das Veröffentlichen kommt erst später. Schreiben ist zunächst eine Phase des Innehaltens, des stillen Arbeitens.

Schreiben heißt zuspitzen

Über die Jahrhunderte haben sich Künstler immer wieder von der Pose des Schreibenden inspirieren lassen. Die Bilder zeigen fast immer eine leicht vornübergebeugte Person, die mit einer Feder oder einem Stift in der Hand aufs Blatt blickt.

Das Faszinierende an diesen Darstellungen ist sicher diese Konzentration. Allerdings ist Schreiben so, wie es hier dargestellt wird, nur die letzte Phase eines meist langen Prozesses. Der Schreiber oder die Schreiberin hat Material gesammelt, Für und Wider abgewogen, und nun braucht er oder sie Ruhe – Ruhe und Zeit, um aus dem umfangreichen Quellenmaterial einen einzigen präzisen Text herzustellen.

Es ist die Phase des Konkretisierens, des Zuspitzens. Das ist eine Errungenschaft der Schriftkulturen: dass sie diese Stufe in die öffentliche Kommunikation eingebaut haben, bei der man innehält, um überlegt zu formulieren.

Wilhelm Busch: Die fromme Helene schreibt konzentriert – und bemerkt nicht den Onkel hinter ihr.

Wenn wir »Schreiben« in diesem engen Sinn verstehen, dann nimmt es in unserem Alltag eine ganz besondere Stellung ein: Schreiben unterbricht einen Handlungsstrang durch Innehalten und Konzentration. Schreiben schafft ganz eigene Möglichkeiten des Nachdenkens. Vom Schreiben gehen neue Impulse für den Diskurs aus, die ohne diese Phase nicht entstanden wären.

Schreiben ist wie alles, was wir tun, eine körperliche Angelegenheit. Unsere Kultur hat eine Schreibkultur entstehen lassen, in der sich mehrere Phasen abwechseln, die sich in der körperlichen Dynamik unterscheiden.

Schreiben ist dynamisch

Zuerst kommt eine Phase der Bewegung. Der Autor oder die Autorin geht hin und sucht Material, entwickelt ihr Schreibziel, wählt die Hauptaussagen aus. Das alles muss nicht unbedingt in rastlosem Herumirren passieren. Aber es ist eine Phase des Kontakts mit allen möglichen Quellen, und zumindest im übertragenen Sinn besucht der Autor eine Vielzahl von Orten.

Dann kommt die Phase des Innehaltens. Der Autor, die Autorin schottet sich von der Welt ab, sucht nach Formulierungen und notiert sie, mit Blick auf das Schreibwerkzeug, auf die Wörter, die vor ihr auf dem Papier oder auf dem Bildschirm entstehen.

Dann folgt eine Phase – oder auch Dutzende von Phasen – der Überarbeitung und schließlich des Loslassens. Um beim körperlichen Bild zu bleiben: Die Autorin steht auf. Sie löst sich wieder vom Text – entweder, um ihn zu überprüfen, mit jemandem zu diskutieren und dann umzuschreiben, oder um ihn ins Couvert zu stecken und wegzuschicken. Auf jeden Fall ist es wieder eine andere Art der Haltung und Bewegung.

»Schreiben« im Sinne aller jener Bilder ist nur die mittlere Phase. Da nimmt der Text Gestalt an. Da geschieht etwas Einmaliges: die Verwandlung der gesammelten Ideen zu einem Text.

Schreiben hat einen Ort

Die Schreibforschung hat ihr Augenmerk seit langem auf die Phasen des Schreibens gelegt. Erkennbar ist, dass sich Phasen des Planens und Niederschreibens abwechseln. Wie der Prozess genau aufgegliedert ist, wird erst seit kurzem intensiv untersucht. Einer der aktivsten Forscher auf diesem Gebiet ist Daniel Perrin, und er lässt die Ergebnisse seiner Arbeit immer in die Praxis zurückfließen. Das Buch *Schreiben im Beruf* von Daniel Perrin und Nicole Rosenberger *(Perrin/Rosenberger 2005)* entstammt dieser Forschung und enthält verblüffende Anleitungen.

Ein wichtiger Tipp von Perrin und Rosenberger lautet: »Brechen Sie aus Ihrem Bildschirm aus, nutzen Sie Ihren ganzen Schreibtisch als Arbeitsfläche!« Ihr Ratschlag ist, sich eine Umgebung zu schaffen, an der jede Sache, jedes Recherchestück, jedes Werkzeug seinen eigenen Platz hat.

Übertragen gesprochen: Journalistinnen und Journalisten schaffen sich eine Heimat des Schreibens, in der sie mehr tun, als nur in den Bildschirm starren. Es ist eine Landschaft, in der sie sich wohl fühlen, die sie verlassen können, zu der sie wieder zurückkehren können.

Sie haben einen Ort, der ihnen eine gewisse Sicherheit gibt, genauso wie sie einen Stuhl haben, auf dem sie gut sitzen, und ein Fenster oder ein Bild an der Wand, das Ihr Blick gern aufsucht.

Schreiben ist Reden

Beobachten Sie Ihre Schreibhaltung. Wie halten Sie Ihren Oberkörper, wie Ihre Hand, Ihre Finger? Wie wohl ist Ihnen, wenn Sie dasitzen und schreiben? Setzen Sie so viel Energie wie nötig ein oder zu wenig oder verkrampfen Sie sich? Können Sie frei atmen oder geht es leichter, wenn Sie Ihre Haltung ein wenig verändern?

Wenn man einmal erkannt hat, dass Schreiben im engsten Sinn eine Form höchster körperlicher Konzentration ist, dann lässt sich das Schreiben auch mit der Arbeit am Körper positiv beeinflussen: durch Optimieren dieser konzentrierten Handlung und auch durch bewusstes Verlassen dieser Haltung.

Atmen Sie

Konzentriert dazusitzen und zu schreiben kann den Geist lenken. Aber es kann auch den Körper erstarren lassen. Der Mönch, der stundenlang am Schreibpult steht und seine Buchstaben malt, läuft Gefahr, seine Muskeln einseitig zu strapazieren. Auf die Journalistin, die tagelang auf Tastatur und Bildschirm blickt, lauert die Genickstarre. Wer sich bemüht, dynamisch zu sitzen (z. B. auf einem Gymnastikball), seine Sitzposition immer wieder zu verändern, tut seinem Körper und seinem Text etwas Gutes.

Und vergessen Sie nicht zu atmen. In allen Phasen des angespannten Arbeitens verändern wir den Atem. Achten Sie in entspannten Situationen darauf, was für Sie natürliches Atmen bedeutet, und versuchen Sie auch während des Arbeitens dahin zurückzukehren.

Hören Sie auf Ihre Stimme

Sprechen Sie während des Schreibens. Wer sich selbst beim Denken zuhört, formuliert anders, das ist ein alter Geheimtipp. Aber werden Sie dabei nicht heiser. Vermeiden Sie ein Flüstern oder ein Vor-sich-hin-Murmeln mit gepresstem Kehlkopf. Kehren Sie immer wieder zu Phasen des hörbaren Sprechens zurück. Damit befreien Sie Ihren Schreibprozess von einem weiteren körperlichen Zwang.

Halten Sie eine Ansprache

Viele Techniken des Schreibens stammen aus der antiken Rhetorik, also aus einem Lehrgebäude für Menschen, die sich vor andere hinstellen und eine Rede halten. Das lässt sich auch wörtlich nehmen: Stehen Sie auf und übernehmen Sie die Geste einer Rednerin, eines Redners. Sie verändern damit die kommunikative Haltung und kommen auf diese Weise in eine neue Form der Konzentration.

Oder stellen Sie sich beim Schreiben eine andere Form der öffentlichen Kommunikation vor: einen Märchenerzähler auf dem Basar, einen Ausrufer in der mittelalterlichen Stadt, einen Popsänger bei der Ansage des nächsten Songs: Wenn Sie sich ganz in diese Rolle einfühlen, löst dies völlig neue Formulierungen aus. Sie schreiben dann ein wenig wie der Märchenerzähler, der Ausrufer, der Popmusiker. Einiges davon ist vielleicht unbrauchbar, einiges aber belebt Ihren Stil.

Viel weiter als diese Anregungen geht Elektra I. Tselikas, *(Tselikas 1999),* die dramapädagogische Ansätze entwickelt hat und die Arbeit an der Sprache mit der Arbeit am Körper und im Raum verbindet.

Die Veränderung macht's

Welche Phasen es genau sind, die im professionellen Schreiben aufeinander folgen, ist für die Praxis nicht so wichtig. Wichtiger ist, *dass* sich Phasen folgen. Es ist ein Wechsel von Ruhe und Bewegung, von Monolog und Dialog, von Lesen und Schreiben, von drinnen und draußen. Wesentliches geschieht nicht nur in den einzelnen Phasen, sondern auch immer dann, wenn eine Phase durch eine andere abgelöst wird.

Bewegung – Ruhe – Bewegung

Impulse bekommt man nicht nur von der Konzentration, sondern vom Übergang: Dass man aus der Bewegung zur stillen Schreibphase übergeht, beeinflusst das Denken und ermöglicht, dass man unversehens zu anderen Darstellungsformen, vielleicht sogar anderen Schlüssen gelangt.

Und dass man aus der konzentrierten Schreibhaltung wieder aufsteht, um das Geschriebene mit Distanz nochmals in die

Hand zu nehmen, ermöglicht ein Überdenken, vielleicht sogar einen neuen Zugang zum vermeintlich bereits Abgeschlossenen.

Wer all die Phasen des Schreibens als körperliche Tätigkeit bewusst durchmacht, wird sehr schnell zum Schluss kommen, dass die Momente der Veränderung besonders wichtig sind. Wenn der Schreibende seine Pose verändert, dann besteht nochmals die Chance zu einem völlig neuen Impuls.

Kreativität mithilfe von Veränderungen

- durch den Wechsel Bewegung – Ruhe – Bewegung
- durch den Übergang Dialog – Monolog – Dialog
- durch Szenenwechsel: Schreibtisch – Welt – Schreibtisch

Tipp

Schreibtisch – Welt – Schreibtisch

Verändern Sie Ihre Umgebung, um Ihre Sprache zu befreien, sagt die Autorin Hélène Bah. Das kann nicht radikal genug verstanden werden. Sämtliche Schreibtrainer, alle leidgeprüften Autorinnen, wer auch immer Ratschläge zum kreativen Schreiben gibt, empfehlen Szenenwechsel, um auf neue Gedanken, auf neue Zugänge zum Text, auf neue Formulierungen zu kommen.

Ein Szenenwechsel in diesem Sinn kann der Weg ins Schwimmbad sein (den man nach wenigen Schritten unterbricht, weil er eine Blockade gelöst hat und man heimrennt, um weiter zu schreiben). Es können aber auch nur ein paar Schritte in der Wohnung sein – oder gar der Austausch des Desktop-Hintergrunds im Computer.

Neues Licht

Die Konzentration des Schreibenden hat etwas Gutes. Aber die Gefahr ist, dass sie zu linear wird und man sich nur noch in eine Richtung bewegt und die möglichen Alternativen nicht mehr sieht.

Eine wichtige Schreibtechnik besteht deshalb darin, die Bedingungen so zu verändern, dass neues Licht auf die alte Aufgabe fällt. Die Schreib-Lehrbücher sind voll von solchen Empfehlungen. Sie reichen vom Verändern der Sitzposition über Spaziergänge bis zur Lektüre völlig andersartiger Texte. Probieren Sie es aus.

Im Kleinen gibt auch das Textprogramm des Computers viele Möglichkeiten, Distanz vom bisher Geschriebenen zu schaffen: Verändern der Schriftgröße, der Farbe, Einfügen von attraktiven Zwischentiteln (die nachher wieder gestrichen werden können) usw.

Dialog – Monolog – Dialog

Die Recherche ist dialogisch: Man geht hin und spricht mit den Leuten. Das Niederschreiben ist dagegen stark monologisch: Man sitzt da und will von niemandem gestört werden. Das ist ein völlig anderer Umgang mit dem Körper – konzentriert zwar, oft aber auch sehr starr. Durchbrechen Sie deshalb gelegentlich die Routine und wenden Sie sich jemandem zu. Das kann auch eine imaginäre Person sein, die in der Küche auf Sie wartet. Es kann ein Freund sein, den Sie auch wirklich anrufen. Es wird Ihren Text beeinflussen.

Gewöhnlich ärgert man sich darüber, wenn einen jemand aus dem konzentrierten Schreiben reißt. Wenn Sie es selbst tun, bestimmen Sie den Zeitpunkt und die Dauer der Unterbrechung. Gestalten Sie es so, wie es Ihrem Schreibprozess gut tut.

Techniken des Aufschreibens

Texte sind lineare sprachliche Gebilde. Da gibt es kein Entrinnen. Die Sprache ist nun einmal als zeitliche Abfolge von Zeichen gestaltet. In der Praxis bedeutet dies manchmal, dass der Schreiber dasitzt, als ob er ein Sklave der Vorgaben auf seinem Blatt wäre.

Dabei stammen diese Vorgaben von ihm selbst. Er hat – um ein ganz einfaches Beispiel zu wählen – die Worte *Im Berliner Zoo hat ...* hingeschrieben. Dann folgte eine kurze Pause, und jetzt sollte er die Informationen »junger Eisbär, geboren, Mutter Birgitta« anfügen. Also richtet er sich nach den Vorgaben und formuliert etwa:

Im Berliner Zoo hat Eisbärenmutter Birgitta einen jungen Eisbären zur Welt gebracht.

Dass der Satz so und nicht anders lautet, liegt nur daran, dass die ersten vier Wörter schon längst dastehen.

Hätte er sie rechtzeitig wieder gelöscht, hätte er mehr Möglichkeiten gehabt.

Das ist ein banales, aber durchaus realistisches Beispiel. Die Lehre, die wir daraus ziehen: Alles, was die Linearität durchbricht, bringt einen auf neue Ideen. Linearität ist zwar das Prinzip der Sprache, daran kommen wir nicht vorbei. Aber das Prinzip des kreativen Denkens ist nicht linear. Dem gibt man eine Chance durch entsprechende Techniken. Die wichtigste davon ist das Erstellen von Clusters oder Mind-Maps.

Cluster, Mind-Map und andere graphische Verfahren

Schon in der Schule hat man uns gepredigt, keinen Aufsatz zu schreiben, ohne vorher eine Skizze gemacht zu haben. »Disposition« hieß dies bei uns am Gymnasium in guter rhetorischer

Tradition. Wir machten dann eine Liste mit allem, was in den Text muss, und hielten uns manchmal auch daran. Spaß machte es keinen.

Unterdessen haben ganz andere Techniken in den Unterricht Einzug gehalten, und schon mit zehn Jahren lernen die Schülerinnen und Schüler, ein »Cluster« oder »Mind-Map« zu erstellen.

Was dabei getan wird, ist an der Oberfläche immer noch das Gleiche: Man geht von einer Skizze aus, von einer Skizze im konkreten Sinn. Es ist eine graphische Darstellung, ein Bild, in dem man sich ganz anders orientiert als in einem Text.

Das Verfahren besteht praktisch immer darin, einen Kernbegriff in die Mitte eines leeren Blattes zu setzen und von da aus Äste und Zweige wachsen zu lassen, auf denen weitere Begriffe stehen – gerade so wie sich die Assoziationen beim Planen ergeben. Ein solches Vorgehen habe ich im Buch *Journalistisches Texten* beschrieben:

- Zuerst wird die zentrale Idee (oder das Thema) in der Mitte des Blattes notiert.
- Ideen, die dazugehören, werden auf Linien geschrieben, die von diesem Zentrum ausgehen.
- Wenn von einer dieser neuen Ideen wieder Ideen ausgehen, wird sie zu einem neuen Zentrum, von dem Linien ausgehen.
- Die Struktur des Ganzen ergibt sich erst am Schluss. Einige Ideen werden spontan irgendwo notiert und erst später mit anderen verbunden.
- Möglichst nur Schlüsselwörter schreiben, keine Sätze.
- Visuelle Mittel einsetzen: Pfeile, Symbole, Rahmen, Zeichnungen.
- Das Ziel ist nicht eine saubere, sondern eine hilfreiche Darstellung.

Detaillierte Anleitungen finden sich bei den Klassikern des Mindmapping und Clustering (im Literaturverzeichnis die Bücher von Gabriele Rico und Tony Buzan) und in vielen weiteren Lehrbüchern.

Wesentlich ist an diesen Techniken, dass sie Möglichkeiten schaffen, die Linearität des Aufschreibens zu durchbrechen und Dinge, die zusammengehören, zusammenzustellen – auch wenn einem nicht alle gleichzeitig in den Sinn gekommen sind. Am Schluss haben Sie ein Kunstwerk vor sich mit vielen Begriffen und Symbolen. Andere Leute können damit nichts anfangen. Aber Ihnen sagt es etwas, weil Sie bei seiner Entstehung dabei waren.

Vergleichen Sie Ihre Lösungen

Test 1 (Seite 11)

Im Ausgangstext ist durch die Perspektive eine größere Nähe zur Polizei, größere Distanz zu den Jugendlichen zu erkennen. Unterstrichen wird dies nicht nur durch das Subjekt im ersten Satz, sondern auch durch das Verb *versprayt,* das ein negatives Urteil über die entstandenen Kunstwerke enthält:

> Die Polizei hat zwei minderjährige Sprayer festgenommen. Sie hatten auf eine Wand der stillgelegten Brauerei in kunstvoller Schrift den Anfang des Johannes-Evangeliums geschrieben. Die Polizei spricht von einem Sachschaden von ca. 1000 Franken.

Am leichtesten verändert sich die Choreographie des Textes, wenn man die Jugendlichen im ersten Satz zum Subjekt macht:

> Zwei Spray-Künstler haben auf einer Wand der stillgelegten Brauerei abstrakte Kunstwerke angebracht. Der Wert der Bilder wird auf rund 1000 Franken geschätzt. Die Künstler wurden von der Polizei festgenommen, die in ihrer Tat eine Sachbeschädigung sieht.

Wer die Beziehung des Berichterstatters zu den Jugendlichen verstärken möchte, ohne das Subjekt zu verändern, könnte dies mit zusätzlichen Informationen zur Tätigkeit der Sprayer tun:

> Die Polizei hat zwei 13-jährige Jugendliche festgenommen, die zuvor auf dem Areal der alten Brauerei eine Wand versprayt hatten. Der Sachschaden betrage rund 1000 Franken.

Test 2 (Seite 26)

Der erste Satz beginnt mit *Vor dem Hintergrund ...* und ist dadurch auf Komprimierungen ausgerichtet. Bei einer solchen Einleitung wird zuerst das Zweitwichtigste gesagt; erst dann folgt das Hauptthema:

> 1. Vor dem Hintergrund laufender Verfahren – etwa des BAWAG-Prozesses – fand heute die Sitzung des Justizausschusses statt.

Zwei Dinge gehören offenbar hierher: die Sitzung des Justizausschusses und einzelne Verfahren, die irgendwie mit diesem Justizausschuss und mit der Sitzung zu tun haben. Folgende Portionen sind möglich:

> a) Der Justizausschuss hatte heute seine Sitzung.
> b) Es laufen noch einige Verfahren.
> c) Eines dieser Verfahren ist der BAWAG-Prozess.

Der zweite Satz ist ein typisches NZZ-Beispiel. Der USA-Korrespondent versucht, in einem einzigen Satz nicht nur das Resultat von Meinungsumfragen anzusprechen, sondern auch die Reaktion des Präsidenten auf diese und zudem die fünfjährige Vorgeschichte.

> 2. Obwohl inzwischen knapp zwei Drittel der Amerikaner, die dem Einmarsch [im Irak] einst begeistert zugestimmt hatten, in Meinungsumfragen den Krieg ablehnen, zeigte der Präsident kein Bedauern über seine Entscheidung.

Lasset uns portionieren:

> Der Präsident hatte sich für den Einmarsch entschieden.
> Er zeigt kein Bedauern darüber.
> Zwei Drittel der Amerikaner lehnen den Krieg ab.
> Dies zeigen Meinungsumfragen.
> Einst hatten sie dem Einmarsch begeistert zugestimmt.

Auch hier wird durch das Portionieren erkennbar, dass im Satz ein Bezug unklar war: Wer hat eigentlich dem Einmarsch *begeistert zugestimmt?* Die zwei Drittel der Bevölkerung, die den Krieg jetzt ablehnen? (Nein, denn es gibt darunter welche, die ihn schon immer abgelehnt haben.) Oder alle Amerikaner? (Nein, denn es hatten ihm nicht alle begeistert zugestimmt.)

Der dritte Satz zeigt, wie leicht die Menschen zum Verschwinden gebracht werden, wenn es um Statistik geht:

> 3. Bei allgemeiner Stagnation der postmortalen Transplantation betragen die anteiligen Lebendspenden deutschlandweit zwischen 16 und 17 Prozent, in manchen Zentren (München, Freiburg) 30 bis 40 Prozent.

Wir können zwar davon ausgehen, dass der durchschnittliche Mediziner solche Sätze problemlos verdaut. Aber für Laien sei die Sache etwas aufgedröselt. Es geht um Nieren:

> Die postmortale Transplantation stagniert.
> Die anteiligen Lebendspenden betragen zwischen 16 und 17 Prozent.
> Dies gilt für ganz Deutschland.
> In manchen Zentren sind es 30 bis 40 Prozent.
> Solche Zentren sind zum Beispiel München und Freiburg.

Immer noch nichts verstanden? Wie ließe sich das denn so sagen, dass es eine Zeitschrift für Laien übernehmen könnte? Dazu müsste man erkennen, dass im Ausdruck *postmortale Transplantation* etwas mehr steckt. Die Chirurgische Klinik der Universität Heidelberg übersetzt ihn schon einmal hilfreich mit *Leichennierentransplantation*. Diese stagniert also. Mit anderen Worten:

> Einem Patienten mit einer stark geschwächten Niere kann die Niere eines Verstorbenen eingesetzt werden.
> Die Zahl dieser Operationen ist gleich geblieben.
> Man kann aber auch eine Niere eines lebenden Spenders einpflanzen. Das wird heute in 16 bis 17 Prozent der Fälle getan ... usw.

(Dabei fällt übrigens auf, dass das Wort *anteilig* nicht korrekt verwendet wurde und weggelassen werden kann.)

Test 3 (Seite 61)

Als Zitate in direkter Rede ließen sich alle ausdrucksstarken Meinungsäußerungen wählen:

> Hier wird die Demokratie mit Füßen getreten.
> Das kann ein Chef machen, der einen Betrieb hat, aber keine öffentliche Verwaltung.
> Das ist ganz und gar nicht in Ordnung.

Dabei würde ich den letzten Satz nicht verwenden, außer es ließe sich im Text einfach und eindeutig sagen, auf welche Aussage er sich bezieht.

Nicht als Zitat des Politikers eignen sich die folgenden Aussagen:

> Der Bürgermeister hat die Abstimmung mit dem Hinweis erzwungen, der Investor könnte Schadenersatzforderungen an die Gemeinde richten, sollte diese einen Rückzieher machen. Er hat wörtlich gesagt: »Wir können nicht zurück, dass das klar ist. Hier wird die Demokratie mit Füßen getreten.«

Diese Informationen stammen direkt aus der Verhandlung. Dafür ist der Journalist selbst Zeuge und braucht – vorausgesetzt, die Sitzung war öffentlich – dafür keinen weiteren Beleg.

Die folgenden Äußerungen müssen überprüft sein. Trotz der teilweise subjektiven Formulierungen sind es Tatsachenbehauptungen, die zur Rede des Journalisten gehören:

> Man hat den Gemeinderat über wichtige Punkte des Projekts im Dunkeln gelassen.
> Wir haben keinen Kaufvertrag zu Gesicht bekommen.
> Zudem wurden uns die wahren Dimensionen des Pflegeheims verschwiegen.
> Einsprüche und Anregungen, die aus der Bürgerschaft eingegangen sind, wurden nicht einmal diskutiert.

Test 4 (Seite 81)

Lösungsvorschläge:

> **1. Im Irak gibt es bald keine Christen mehr**
> Noch vor fünf Jahren war jeder 20. Iraker ein Christ. Doch der Irak-Krieg der USA hat die Christen zur Zielscheibe von Extremisten und zu Flüchtlingen gemacht.

Das Original hatte zwei Einstiegssätze mit historischen Informationen, die sich gegenseitig Konkurrenz machten. Ich habe denjenigen weggelassen, der sich weniger schnell erschließt. Der zweite Satz kann syntaktisch vereinfacht werden, ohne dass sich die darin enthaltene Anschuldigung ändert.

> **2. Die Unbeugsamen**
> Es ist eine Zeit des Umfallens: Kurt Beck und Andrea Ypsilanti haben Wortbruch begangen. Auch Angela Merkel macht eine ganz andere Politik, als sie angekündigt hat. Doch es gibt auch Politiker, die immer bei ihrer Position bleiben.

Der erste Satz braucht eine argumentative Stütze. Die Aufzählung (Beck, Ypsilanti, Merkel) ist eine Möglichkeit. Deshalb soll darin nichts gestrichen werden. Aber die Frage am Schluss ist zu viel: Der Satz zuvor *(Doch es gibt auch ...)* hat bereits eine Frage geweckt: Welche Politiker sind das?

Das Original enthielt zu viel »Organisatorisches«: Informationen über die Interviewpartnerin gehören irgendwo hin (z. B. in einen Kasten!), aber nicht in den Vorspann. Zudem stoppt ein langer Nebensatz am Ende des Vorspanns den Lesefluss. In meiner Lösung habe ich die Behauptung, neokonservative und islamistische Ideen seien besonders bei jungen Frauen zu finden, der Interviewpartnerin untergeschoben (was inhaltlich wohl korrekt ist). Der Text soll ja als Interview verkauft werden, das heißt, dass die Aussagen von Amel Grami interessieren.

> **3. Zurück zur Scharia oder vorwärts zu einem zeitgemäßen Islam?** – Ein Gespräch mit der tunesischen Religionswissenschaftlerin Amel Grami –
> Tunesien war in puncto Frauenrechte eines der fortschrittlichsten Länder der arabisch-islamischen Welt. Doch das ändert sich rapide. Religionswissenschaftlerin Amel Grami findet besonders bei jungen Frauen neokonservative und islamistische Ideen.

Test 5 (Seite 109)

Als Erstes fallen vielleicht Fremdwörter auf wie *Reprogrammierung* und In-vitro-Fertilisation, die nicht jedem Publikum vertraut sind. *Reprogrammierung* könnte umschrieben werden (Verwendung einer veränderten erwachsenen Zelle statt der Zelle eines Embryos). *In-vitro-Fertilisation* müsste als Terminus erklärt werden.

Aber die Probleme beschränkten sich nicht nur auf die Wortebene. Der zweite Satz mit seinen 27 Wörtern ist zwar nicht unverständlich, aber er erschwert die Lesbarkeit und könnte in mehrere Sätze aufgeteilt werden.

Ein interessantes Problem ergibt sich auf Textebene: Es fehlt ein Anfang. Der unmittelbare Einstieg *(Da viele Forscher ...)* nimmt frühere Informationen wieder auf. Um den Text einordnen zu können, muss man verstehen, worauf er hier verweist.

Hinzu kommen verschiedene inhaltliche Probleme – je nach Vorwissen. Genannt sei hier noch das folgende, weil es durch eine einfache sprachliche Verbesserung geklärt werden könnte:

> Embryonen,... die bei der In-vitro-Fertilisation (IVF) nicht
> »übrig« geblieben (»überzählige Embryonen«), sondern
> wegen sichtbarer Defekte als minderwertig eingestuft und
> deshalb verworfen worden waren, also nie zu einem Men-
> schen herangewachsen wären.

Hier geht es offensichtlich um Embryonen, die man ethisch
bedenkenlos für die Stammzellenforschung verwenden kann,
weil sie ohnehin *verworfen worden* sind. Aber von wem? Von
der Natur? Der letzte Satzteil *(also ...)* lässt dies vermuten. Aber
die Formulierung *(waren... verworfen worden)* klingt irritierend
menschlich. Dies weist darauf hin, dass uns die Arbeitsabläufe
(Scripts) von Stammzellenforschern nicht vertraut sind.

Wir haben also Verständlichkeitsprobleme auf der Wort-,
Satz- und Textanschluss-Ebene und daneben inhaltliche Pro-
bleme, die zum Teil das Thema »Stammzellen« betreffen, zum
Teil aber auch die Arbeitsabläufe, die sich damit befassen.

Literatur

Auburtin, Victor: Einer bläst die Hirtenflöte. München: Albert Langen, 1928.

Eine Sammlung kurzer Texte des fast vergessenen Journalisten und Schriftstellers Victor Auburtin (1870–1928). *Alt und neu* in Kapitel 3 stammt aus diesem Büchlein.

Bah, Hélène: L'écriture thérapie. Paris: Eyrolles, 2008.

Ich weiß – es ist in französischer Sprache, und nicht alle können Französisch. Aber nachdem ich dieses Buch schon zitiert habe, muss es auch ins Literaturverzeichnis. Und es enthält gute Tipps.

Blum, Joachim/Bucher, Hans-Jürgen: Die Zeitung: Ein Multimedium. Textdesign – ein Gestaltungskonzept für Text, Bild und Grafik. Konstanz: UVK, 1998.

Ständig werden Zeitungen umgestaltet. Meist wird dabei vernachlässigt, dass eine Veränderung des Layouts auch Konsequenzen für die Sprache hat. Dieses Buch dagegen integriert sprachliche und optische Gestaltung.

Bucher, Hans-Jürgen/Schumacher, Peter/Duckwitz, Amelie: Mit den Augen der Leser: Broadsheet und Kompakt-Format im Vergleich. Eine Blickaufzeichnungsstudie zur Leser-Blatt-Interaktion. Ifra Special Report 03.2007. Darmstadt: Ifra, 2007.

Was bemerkt ein Leser zuerst auf der Seite? Wie springt sein Blick von einem Element zum anderen? Die Autoren haben genau diese Fragen beantwortet, indem sie mit einem raffinierten Verfahren aufgezeichnet haben, wie die Augen der Leserinnen und Leser übers Blatt wandern.

Buzan, Tony: Das Mind-Map-Buch. Die beste Methode zur Steigerung Ihres geistigen Potentials. Heidelberg: mvg, 5. Aufl., 2002.

Eines von Dutzenden von Büchern zum Thema Mind-Map. Dieses stammt von dem Mann, der das Konzept als erster und am intensivsten propagiert hat.

Gallmann, Peter/Sitta, Horst: Deutsche Grammatik. Zürich: Lehrmittelverlag des Kantons Zürich, 5. Aufl., 2007.

Eine kompakte, verständliche Grammatik, die genau das sagt, was man nachschlagen will, nicht mehr und nicht weniger.

Häusermann, Jürg: Journalistisches Texten. Sprachliche Grundlagen für professionelles Informieren. Konstanz: UVK, 2. Aufl., 2005.

Der große Bruder des Büchleins, das Sie vor sich haben, mit etwas anderer Schwerpunktsetzung, anderen Beispielen und Ratschlägen zur Textkritik.

Häusermann, Jürg/Käppeli, Heiner: Rhetorik für Radio und Fernsehen. Aarau und Frankfurt/Main: Sauerländer, 2. Aufl., 1994.

Eine Einführung in die Textsorten von Radio und Fernsehen mit ausführlichen Regeln zu Verständlichkeit und Attraktivität. Das Buch wird nicht mehr aufgelegt und kann gratis abgerufen werden unter: www.rhet.de/uploads/rhetorik_radio_tv.pdf

Herrmann, Friederike (Hg.): Unter Druck. Die journalistische Textwerkstatt. Erfahrungen, Analysen, Übungen. Wiesbaden: VS, 2006.

Viele gute Tipps, dazu viele Erfahrungsberichte von Leuten, denen das Schreiben schwer fällt – und auch Ermutigendes über die Lust am Schreiben.

Kienzlen, Grit/Lublinski, Jan/Stollorz, Volker (Hg.): Fakt, Fiktion, Fälschung. Trends im Wissenschaftsjournalismus. Konstanz: UVK, 2007.

Ein Buch über eine besonders spannende journalistische Sparte, in der die Frage der Abgrenzung zwischen Kommunikator und Akteur besonders heikel ist.

Kolb, Ingrid: Titel & Kleintexte. Journalisten-Werkstatt. Salzburg: Medienfachverlag Oberauer, 2006

Eine kompakte Einführung in Textsorten mit motivierender Funktion. Die *Journalisten-Werkstatt* erscheint als Beilage der Zeitschriften *medium-magazin, Der Österreichische Journalist* und *Schweizer Journalist.*

Linden, Peter: Wie Texte wirken. Berlin: ZV, 2. Aufl., 2000.

Übersichtlich, lehrreich, auf der Basis der Leseforschung. Peter Linden ist auch Autor einzelner Hefte der *Journalisten-Werkstatt.*

Perrin, Daniel/Rosenberger, Nicole: Schreiben im Beruf, Wirksame Texte durch effiziente Arbeitstechnik. Berlin: Cornelsen, 2005.

Tipps fürs Schreiben, die aus der wissenschaftlichen Beobachtung von Schreibprozessen kommen. Sehr lesbar und sehr leicht umsetzbar.

Pörksen, Bernhard (Hg.): Trendbuch Journalismus. Erfolgreiche Medienmacher über Ausbildung, Berufseinstieg und die Zukunft der Branche. Köln: Herbert von Halem, 2005.

Interviews über den Alltag prominenter Journalistinnen und Journalisten – unter anderem auch über die Sprache, mit Einblicken in die Strategie großer Redaktionen.

Rico, Gabriele L.: Garantiert schreiben lernen. Reinbek: Rowohlt, 2004

Ein Klassiker, der in das Clusterverfahren und andere Methoden des kreativen Schreibens einführt.

Schulz von Thun, Friedemann: Miteinander reden I. Störungen und Klärungen. Allgemeine Psychologie der Kommunikation. Reinbek: Rowohlt, 2007.

Eine populäre Einführung in die menschliche Kommunikation mit einem Schwerpunkt Verständlichkeit. Alt, aber für die Praxis immer noch anregend.

Tselikas, Elektra I.: Dramapädagogik im Sprachunterricht. Zürich: Orell Füssli, 1999.

Nicht nur, wer Sprachunterricht erteilt, sondern jeder, der sich mit Sprache befasst, kann dieses Buch in die Hand nehmen und findet Dutzende von Anregungen, um alten Mustern zu entkommen.

Wachtel, Stefan: Schreiben fürs Hören. Konstanz: UVK, 2003.

Wer für Hörmedien schreiben kann, hat eine gute Grundlage für verständliches Schreiben in allen Lebenslagen. Stefan Wachtels Einführung ist ein bewährtes Lehrbuch für Fernsehen und Radio.

Index

Weiterlesen

Einsteigerwissen

Weiterlesen

Profiwissen

Claudia Mast (Hg.)
ABC des Journalismus
Ein Handbuch
11., überarbeitete Auflage
2008, 700 Seiten
45 s/w Abb., gebunden
ISBN 978-3-86764-048-0

Michael Haller
Recherchieren
6., überarbeitete Auflage
2004, 338 Seiten, broschiert
ISBN 978-3-89669-434-8

Volker Wolff
**ABC des Zeitungs- und
Zeitschriftenjournalismus**
2006, 374 Seiten
20 Abb. s/w, broschiert
ISBN 978-3-89669-578-9

Martin Ordolff
Fernsehjournalismus
2005, 412 Seiten
48 Abb. s/w, broschiert
ISBN 978-3-89669-457-7

Sabine Streich
Videojournalismus
Ein Trainingshandbuch
2008, 276 Seiten
50 farb. Abb., broschiert
ISBN 978-3-89669-590-1

Klicken + Blättern

Leseprobe und Inhaltsverzeichnis unter

www.uvk.de

Erhältlich auch in Ihrer Buchhandlung.

UVK Verlagsgesellschaft mbH

Weiterlesen

Hintergrundwissen

Klicken + Blättern

Leseprobe und Inhaltsverzeichnis unter

www.uvk.de

Erhältlich auch in Ihrer Buchhandlung.

UVK Verlagsgesellschaft mbH